Lo que las personas están dicienc

VIVIR ES C~~~~~
MORIR ES GANANCIA

"La Iglesia ha sido bendecida por el libro de Filipenses desde que Pablo lo escribió, y la presentación que Matt nos ofrece es original y poderosa. Él extrae las riquezas de este gran libro de la Biblia para enseñarnos a nunca estar contentos con un cristianismo estancado".

Kyle Idleman, pastor y maestro
en *Southeast Christian Church* y escritor
del éxito de ventas *No soy fan*

"Las palabras de Matt nos conmueven de la mejor manera. No queremos vivir de forma insensible y, a menudo, necesitamos un golpe que nos recuerde que la vida no es un juego y que Dios no es un mito. Nos encontraremos ansiando otra vez a Dios y anhelando un poco menos todo lo demás".

Jennie Allen, autora de *Anything*

"Conocer a Jesús es la esencia de la vida y me encanta el modo en que Matt Chandler, en su libro *Vivir es Cristo, morir es ganancia,* suscita nuestro afecto hacia Jesús. El hermoso, práctico y sencillo análisis que el autor hace de Filipenses te dará un empujoncito hacia la madurez... y un caminar más vigoroso con el Salvador. Consíguelo y sumérgete hoy mismo en este libro".

Louie Giglio, pastor de *Passion City Church*
y autor de *Yo no soy, pero conozco al YO SOY*

"Confío en Matt Chandler cuando habla sobre cualquier tema bíblico, pero, en especial, acerca del discipulado. Este libro te ayudará a vivir como lo haría Jesús si estuviera en tu lugar".

Dr. Darrin Patrick, pastor fundador de la iglesia *The Journey* y autor de *Plantador de iglesias*

"Pocos hombres a quienes he conocido personalmente han sufrido de veras; he conocido aún menos que han sufrido bastante. Matt Chandler es uno de ellos. Él ha escrito un excelente libro en que nos recuerda que uno de nuestros llamados principales como seguidores de Cristo es morir a nosotros mismos, y que solo por medio de esa muerte podemos vivir realmente".

Matt Carter, pastor de predicación y visión en *Austin Stone Community Church* y coautor de *The Real Win*

"Hasta ahora, Matt Chandler ha ofrecido a sus lectores abundante sabiduría bíblica en sus escritos, y *Vivir es Cristo, morir es ganancia* no es la excepción. Este libro nos exhorta a seguir a Jesús con todo lo que tenemos. Es tan sencillo y tan profundo como eso. Esta nueva y poderosa obra evita todos los adornos y va al núcleo del evangelio: Jesús. ¡La recomiendo en gran manera!".

Mark Batterson, pastor principal de *National Community Church* y escritor de *El hacedor de círculos,* éxito de ventas según el *New York Times*

"Matt Chandler es un hombre fascinado con Jesús, el evangelio y la gracia. En este, su último libro, nos lleva de viaje a las profundidades de la famosa carta de Pablo a los Filipenses, y descubre toda la belleza de una vida tan centrada en Jesús que todo lo demás es nada en comparación".

Larry Osborne, pastor de *North Coast Church* y escritor de *10 cosas tontas que creen los cristianos inteligentes*

Guía para una auténtica madurez cristiana

VIVIR ES CRISTO
MORIR ES GANANCIA

MATT CHANDLER

CON JARED C. WILSON

EDITORIAL
PORTAVOZ

La misión de *Editorial Portavoz* consiste en proporcionar productos de calidad —con integridad y excelencia—, desde una perspectiva bíblica y confiable, que animen a las personas a conocer y servir a Jesucristo.

Título del original: *To Live is Christ, To Die is Gain* © 2013 por Matt Chandler y Jared C. Wilson, y publicado por David C. Cook, 4050 Lee Vance View, Colorado Springs, CO 80918. Traducido con permiso.

Edición en castellano: *Vivir es Cristo, morir es ganancia* © 2015 por Editorial Portavoz, una división de Kregel, Inc., 2450 Oak Industrial Drive NE, Grand Rapids, MI 49505. Todos los derechos reservados.

Traducción: Ricardo Acosta
Maquetación: produccioneditorial.com

EDITORIAL PORTAVOZ
2450 Oak Industrial Drive NE
Grand Rapids, MI 49505 USA
Visítenos en: www.portavoz.com

ISBN 978-0-8254-5637-4 (rústica)
ISBN 978-0-8254-6447-8 (Kindle)
ISBN 978-0-8254-8598-5 (epub)

1 2 3 4 5 edición / año 24 23 22 21 20 19 18 17 16 15

Impreso en los Estados Unidos de América
Printed in the United States of America

*Para Audrey, Reid, y Norah. Mi oración es que,
por la gracia de Dios, ustedes puedan ver que Jesús es vida,
y que no hay nada que temer en la muerte.*

CONTENIDO

INTRODUCCIÓN

Actualmente, hay mucha diversión en nuestro hogar. Audrey tiene diez años; Reid, siete; y la pequeña Norah, cuatro. Hay mucho bullicio y puede haber un poco de caos pero, por la gracia de Dios, nuestro hogar está principalmente lleno de risas (y, de vez en cuando, de las lágrimas que siguen a la disciplina). Al igual que la mayoría de padres con hijos de la edad de los míos, casi a diario me aterra ver cuánto han crecido. Atrás quedaron los días de cambiar pañales y de sacar los gases a los bebés después de comer. Comparados con lo que una vez fueron, mis tres hijos parecen atletas olímpicos. No hay comparación entre la recién nacida Audrey y la Audrey de diez años de edad. Ella es una persona casi totalmente distinta. Corre, monta bicicleta, se pelea con su hermano, y le encanta que sus amigas vengan a jugar. A veces me siento triste por lo rápido que está creciendo, pero la alternativa sería algo mucho más serio y aterrador.

¿Y si no creciera en absoluto?

¿Qué pasaría si, en lugar de madurar y crecer, se detuviera y retrocediera? ¿Y si, como cuando tenía dos años, no pudiera caminar ni hablar? ¿Qué tal si a los ocho años de edad no pudiera leer o vestirse? ¿Qué pasaría si a los diez ella todavía necesitara que yo la llevara en brazos y le limpiara la leche de la boca?

Ahora bien, no me malinterpretes; si todo eso fuera necesario, yo con mucho gusto le serviría a ella y a Dios de este modo. Sin embargo, ¿no es este un pensamiento infinitamente más desgarrador a que yo no pueda tenerla como una bebita, o disfrutarla cuando decía "pelo" en vez de "perro"? Dios creó a mi hija para que madurara física, emocional y mentalmente, ¡y por la gracia divina ella ha hecho precisamente eso! Nuestros otros dos hijos están haciendo lo mismo: *crecer*. Aquí hay ciertas similitudes con lo que leemos en las Escrituras acerca de nosotros mismos. La Biblia nos hace un llamamiento a buscar madurez en Cristo.

Consideremos solo algunos versículos:

> Por tanto, dejando ya los rudimentos de la doctrina de Cristo, vamos adelante a la perfección; no echando otra vez el fundamento del arrepentimiento de obras muertas, de la fe en Dios (He. 6:1).

> Hermanos, no seáis niños en el modo de pensar, sino sed niños en la malicia, pero maduros en el modo de pensar (1 Co. 14:20).

> A quien anunciamos, amonestando a todo hombre, y enseñando a todo hombre en toda sabiduría, a fin de presentar perfecto en Cristo Jesús a todo hombre (Col. 1:28).

Pero el alimento sólido es para los que han alcanzado madurez, para los que por el uso tienen
los sentidos ejercitados en el discernimiento del
bien y del mal (He. 5:14).

Yo podría continuar, pero creo que la situación es clara. Dios
quiere que pasemos de ser bebés en Cristo a ser maduros en
Cristo. De eso trata este libro. ¿Cómo vamos a madurar, y cómo
podemos detectar cualquier "retraso en el desarrollo"? Oro para
que, al leer este libro aplicando en oración a tu corazón los retos
que te plantea, Dios use la epístola de Pablo a los Filipenses para
mostrarte qué es la madurez y te incite a buscarla con todas tus
fuerzas en virtud de la gracia divina.

CAPÍTULO UNO
CURIOSOS INICIOS

Doy gracias a mi Dios siempre que me acuerdo de vosotros
(Fil. 1:3).

El evangelio *impulsaba* por completo a Pablo.

Como misionero plantador de iglesias, el principal campo ministerial del apóstol eran las áreas metropolitanas más importantes. Si él estuviera hoy aquí, iría a lugares como Nueva York, Los Ángeles, Dallas y Chicago, y plantaría iglesias. Después de desarrollar una comunidad de creyentes en estos lugares, establecer líderes, y cimentarlos en el evangelio, habría ido a continuar con el trabajo otra vez a otra región. Sin embargo, como buen pastor, Pablo trataba de permanecer en contacto con las iglesias que había plantado. Estas iglesias le escribían haciéndole saber las inquietudes que tenían y las dificultades a las que se enfrentaban, y el apóstol les contestaba dándoles instrucciones y ánimo. El libro del Nuevo Testamento al que llamamos Filipenses es una de esas misivas de aliento, pero es bastante única entre las epístolas de Pablo.

Filipenses es la única carta que tenemos en las Escrituras en que Pablo no trata de reprender malas enseñanzas ni de corregir mal comportamiento. En cambio, la carta resalta el afecto personal del apóstol por la iglesia en Filipos, y la recomendación y exhortación que les hace hacia la madurez cristiana. En esta pequeña carta podemos ver cómo ser hombres o mujeres maduros en Jesucristo.

Tal vez ya te has dado cuenta de que Filipenses está llena de lo que podríamos llamar "versículos estimulantes": pasajes bíblicos que han conmovido tanto los corazones y las mentes de creyentes en el transcurso de los años, que los vemos en tazas de café, camisetas y calcomanías de parachoques. Con un rápido vistazo, vemos en Filipenses 1 que "el vivir es Cristo, y el morir es ganancia" (v. 21). En el capítulo 2 tenemos la famosa declaración de la renuncia sacrificial y humilde de Jesús. Nos enteramos de que esta humildad lo hace digno de toda honra y gloria, pero lo llevó a poner de lado todo eso para exaltar a Dios en servicio a los pecadores. En el tercer capítulo, Pablo declara que considera todas las cosas (incluso las *buenas*) como basura por la excelencia del conocimiento de Jesucristo. Y, por último, en el capítulo cuarto encontramos la genial y conocida declaración: "Todo lo puedo en Cristo que me fortalece" (v. 13).

Es evidente que Pablo tiene mucho que enseñarnos acerca de la vida, pues tiene mucho que enseñarnos en cuanto a Jesús.

Si has leído algunas de las *otras* cartas de Pablo, descubrirás que él siempre dice: "Haz esto, no hagas eso, deja eso, empieza a hacer aquello, deja de ir allá, ahora actúa así, enderézate, actúa bien, sé justo". Basa estos mandatos en la obra finalizada de Cristo en el evangelio, pero esos preceptos siguen estando allí. Al parecer, Pablo siente que esas otras iglesias tienen mucho trabajo por hacer. Sin embargo, Filipenses es diferente. El apóstol ofrece a los filipenses algunas instrucciones, pero lo hace de modo implícito. En general, la epístola a los Filipenses está teñida de favor. Podría ser entonces que esta carta fuera la mejor imagen del Nuevo Testamento que tenemos acerca de cómo es una iglesia madura, y de lo que hacen personas maduras.

Como resultado, en la epístola a los Filipenses fluye el corazón afectivo de Pablo hacia ellos. Los considera no solo ovejas bajo su cuidado sino amigos de corazón, y en este libro él pone su corazón en la mano. Podemos vislumbrar la profundidad del amor del apóstol por estas personas en sus palabras de introducción:

> Pablo y Timoteo, siervos de Jesucristo, a todos los santos en Cristo Jesús que están en Filipos, con los obispos y diáconos: Gracia y paz a vosotros, de Dios nuestro Padre y del Señor Jesucristo. Doy gracias a mi Dios siempre que me acuerdo de vosotros, siempre en todas mis oraciones rogando con gozo por todos vosotros, por vuestra comunión en el evangelio, desde el primer día hasta ahora; estando persuadido de esto, que el que comenzó en vosotros la buena obra, la perfeccionará hasta el día de Jesucristo; como me es justo sentir esto de todos vosotros, por cuanto os tengo en el corazón; y en mis prisiones, y en la defensa y confirmación del evangelio, todos vosotros sois participantes conmigo de la gracia. Porque Dios me es testigo de cómo os amo a todos vosotros con el entrañable amor de Jesucristo (1:1-8).

Esa última frase podría ocasionar un poco de preocupación a los más estoicos entre nosotros: "Os amo a todos vosotros con el entrañable amor de Jesucristo". Por supuesto, de lo que sabemos de Pablo, él era un tipo bastante duro, un hombre hecho y derecho. No obstante, está suficientemente conmovido por sus vínculos con estos amigos como para decir que anhela estar con ellos, y tal sentimiento se caracteriza por ser entrañable. *¿Cuán profundo es ese afecto?* Es un apego que se origina en el mismo Señor Jesucristo. Este amor es lo que llevó a Jesucristo hasta la cruz. Es lo que llevó a Jesús a someterse al arresto, la tortura y la muerte. Obviamente se trata de un amor profundo y perdurable. Además, Pablo les dice a sus amigos que en su propio corazón lleva *todo* este amor entrañable que reside en Jesucristo, y que le hace anhelar estar con ellos.

Bueno, Pablo ama a todas las iglesias a las que ha escrito. Ama a todas ellas con el amor del Señor, y tiene diferentes relaciones con cada una, lo que produce varios grados de afecto personal. Él recuerda cómo en Gálatas, por ejemplo, se exasperó y se enojó. Esa también es una expresión de amor, porque el apóstol ama tanto a esa iglesia como para reprenderla por haber aceptado la herejía. El caso es el de un amoroso pastor que disciplina a las ovejas. Pablo les recuerda a los miembros de la iglesia en Éfeso que estaban predestinados desde antes de la fundación del mundo. Les habla de los sentimientos de Dios hacia ellos y del amor que Dios les tiene. Pero no les dice: "Me muero por estar con ustedes". Este tipo de lenguaje no lo encontrarás en las cartas del apóstol a las otras iglesias. Hallarás que él a menudo se refiere a quiénes son ellos en Cristo, y a lo que Cristo hizo a favor de ellos. Les desea lo mejor y les expresa amor. Pero no de este modo. En Filipenses se habla de un afecto serio. ¿Cómo llegó Pablo a sentirse así con relación a estas personas?

LA BENDITA HISTORIA

Filipos era lo que podríamos llamar un área metropolitana importante. Ubicada en una de las principales rutas comerciales del Imperio romano, la ciudad estaba llena de industriales e intelectuales, agricultores y artistas. Ya que era una ciudad populosa con mucha actividad, tenía sentido que un plantador de iglesias como Pablo quisiera ir allí a predicar el evangelio. A fin de obtener una imagen más completa de la relación afectiva que encontramos en su carta a los Filipenses, debemos remontarnos a los orígenes de las relaciones del apóstol allí. Empecemos en Hechos 16.

Zarpando, pues, de Troas, vinimos con rumbo directo a Samotracia, y el día siguiente a Neápolis; y de allí a Filipos, que es la primera ciudad de la provincia de Macedonia, y una colonia; y estuvimos en aquella ciudad algunos días. Y un día de reposo salimos fuera de la puerta, junto al río, donde solía hacerse la oración; y sentándonos, hablamos a las mujeres que se habían reunido. Entonces una mujer llamada Lidia, vendedora de púrpura, de la ciudad de Tiatira, que adoraba a Dios, estaba oyendo; y el Señor abrió el corazón

de ella para que estuviese atenta a lo que Pablo
decía. Y cuando fue bautizada, y su familia, nos
rogó diciendo: Si habéis juzgado que yo sea fiel al
Señor, entrad en mi casa, y posad. Y nos obligó a
quedarnos (vv. 11-15).

Pablo recibió anteriormente una visión en que vio a un hombre macedonio que pedía ayuda, lo que el apóstol percibió como
un llamado espiritual. Sin demora alguna, él y tres compañeros
(Lucas, Silas y Timoteo, el joven protegido de Pablo) partieron
hacia Macedonia, y fueron a parar a Filipos.

El hecho de que el grupo esté buscando una sinagoga pero
que, en vez de eso, encuentre lo que básicamente es un estudio
bíblico de mujeres, no solo demuestra la falta de presencia cristiana en Filipos sino también la falta de presencia judía. Como
solían hacer, Pablo y sus compañeros se dedican a buscar una
casa judía de adoración en la cual predicar las buenas nuevas del
Mesías, Jesucristo. Pero Filipos era una ciudad con tanta influencia romana que ni siquiera había suficientes varones judíos para
constituir un lugar de adoración. Más bien, donde los misioneros
esperaban hallar un lugar en que "solía hacerse la oración", se to-
paron con un grupo de mujeres religiosas que tenían su reunión
de sábado a la orilla del río. Allí es donde Pablo conoce a Lidia.

LA MUJER DE NEGOCIOS

Lidia es oriunda de la ciudad de Tiatira. Esto nos indica que la
mujer quizás era asiática. Pero tiene una casa en Filipos, lo que

nos expresa que económicamente era muy rica. Tanto Tiatira como Filipos eran zonas metropolitanas importantes. La descripción que encontramos de Lidia es la de una mujer relacionada con la industria de la moda, que piensa de manera *"fashionista"*; en esencia, ella es la directora ejecutiva de su propio imperio de modas. Si pensamos en términos modernos, Lidia tendría una casa en Los Ángeles, otra en Nueva York, y una más en París. Esta es una mujer a la que le ha ido bien, muy bien por su cuenta. Pero Lidia también es lo que la Biblia llama una mujer que teme al Señor. He aquí lo que eso significa: ella ha rechazado el paganismo. Ha rechazado el politeísmo. Esta mujer no cree que haya docenas de dioses, que haya un dios del viento, un dios de la lluvia, un dios de la tela púrpura, o un dios del mundo de la moda. Ella adora al Padre, no a Prada. Lidia ha llegado a creer que existe un Dios. Ella escucha la enseñanza de los judíos, e intenta captar lo que significa llevar una vida de temor a Dios. La mujer quiere vivir su fe en el contexto de su familia y sus negocios.

Este es un momento importante en la historia de la conversión de Lidia: ella es una intelectual y, según los indicios, *alguien que busca a Dios*. Está reunida con un grupo de mujeres para escuchar las Escrituras explicadas. Debido a oír la Torá, Lidia sabe que Dios entregó la ley a su pueblo. Sabe que Dios otorgó los Diez Mandamientos. Ella entiende que hace algunas cosas que están bien, pero además comprende que también ha incumplido algunas de esas leyes y mandamientos. Probablemente tiene alguna idea de su necesidad de expiación. Pero, sin las buenas nuevas de Jesús, Lidia está confundida. Es en este contexto que

Pablo aparece y empieza a llenar la estructura espiritual por la cual Lidia ha actuado hasta este momento.

¡Esto es como un estudio bíblico para señoras el martes por la mañana! Es algo así como un grupo de mujeres que realizan un estudio de los preceptos judíos y, entonces, Pablo aparece y expresa: "Esperen un segundo", y presiona el botón de pausa. El apóstol empieza a explicarles a las mujeres del estudio bíblico que Dios nos entregó la ley para revelarnos que ninguno de nosotros hemos estado a la altura de la gloria de Dios, y que la expiación se hizo únicamente por medio de la obra de Cristo en la cruz.

Pablo capta la razón y el intelecto de Lidia, y es por medio de la impartición de este conocimiento que ella llega a ser creyente en Cristo. Es más, de inmediato cree y se bautiza, toda su casa se salva y se bautiza, y luego ella invita a Pablo a alojarse en su vivienda. Supongo que Lidia tiene una casa hermosa. Para el misionero bi-vocacional y trabajador en confección de tiendas, este es un ofrecimiento muy agradable. Su tiempo en Filipos constituye un refrescante respiro en medio de la gloriosa rutina de fidelidad al llamado del evangelio.

LA MUCHACHA ESCLAVA

Así es como empezó la iglesia en Filipos: con la conversión de Lidia, la empresaria de alta sociedad, a través de la interacción intelectual con el evangelio. Pero la historia, al igual que la iglesia, se vuelve más compleja. Cuando Hechos 16 continúa, vemos cómo la misión en Filipos muestra la diversidad de la iglesia que se está plantando allí:

Aconteció que mientras íbamos a la oración, nos salió al encuentro una muchacha que tenía espíritu de adivinación, la cual daba gran ganancia a sus amos, adivinando. Esta, siguiendo a Pablo y a nosotros, daba voces, diciendo: Estos hombres son siervos del Dios Altísimo, quienes os anuncian el camino de salvación. Y esto lo hacía por muchos días; mas desagradando a Pablo, éste se volvió y dijo al espíritu: Te mando en el nombre de Jesucristo, que salgas de ella. Y salió en aquella misma hora. Pero viendo sus amos que había salido la esperanza de su ganancia, prendieron a Pablo y a Silas, y los trajeron al foro, ante las autoridades (vv. 16-19).

Esta muchachita es todo lo contrario de Lidia. Mientras esta última es asiática, la jovencita es griega. Lidia resulta ser una mujer intelectual que sabe llevar un negocio, y la muchacha es pobre y está esclavizada y explotada. Mientras Lidia busca la verdad, la joven proclama el camino de salvación. Por supuesto, tal vez sin darse cuenta que lo hace bajo dominio demoníaco, pero cree que dicha salvación está disponible del mismo modo que creen los demonios. Mientras que Pablo y Lidia se conocen en el contexto de una reunión formal y ordenada de grupo, Pablo y la muchacha esclava se conocen mientras esta última sigue a los misioneros, gritando a voz en cuello; es perturbadora. En tanto que Lidia tiene el control, la chiquilla está fuera de control.

Ahora observa cómo Dios va tras ella. Pablo no se vuelve y le dice: "Estoy dictando un seminario sabatino sobre la 'locura'. Me gustaría que vinieras porque detecto que hay cierta locura dentro de ti". Él no invita a la muchacha a un estudio bíblico, ni apela de alguna manera al nivel intelectual de ella. Tampoco recurre a la razón de la joven; ella es irracional. El apóstol no hace eso. Al contrario, en un acto de poder en el Espíritu Santo reprende y exorciza al espíritu que la gobierna y la esclaviza desde el interior. En un instante, ella encuentra la salvación de la que se ha estado burlando de manera demoníaca.

El contraste entre estas dos conversiones en Filipos es sorprendente e instructivo. Con Lidia, el evangelio le llega al corazón cuando Pablo interactúa con ella de manera *intelectual*. Con la muchacha esclava, el evangelio le llega al corazón cuando Pablo la enfrenta *espiritualmente*. En ambos casos, el Espíritu Santo concede nuevo nacimiento y arrepentimiento, desde luego, pero la liberación del evangelio se realiza en el contexto de la necesidad personal. Pablo muestra cómo, según el caso de cada persona, el misionero debe estar dispuesto a proceder de distintas maneras (1 Co. 9:22).

Pero las conversiones no han terminado.

LA CLASE TRABAJADORA

La liberación y conversión de la muchacha esclava presentan una escena emocionante, pero la historia se intensifica cuando seguimos leyendo en Hechos 16:

Y presentándolos a los magistrados, dijeron: Estos hombres, siendo judíos, alborotan nuestra ciudad, y enseñan costumbres que no nos es lícito recibir ni hacer, pues somos romanos. Y se agolpó el pueblo contra ellos; y los magistrados, rasgándoles las ropas, ordenaron azotarles con varas. Después de haberles azotado mucho, los echaron en la cárcel, mandando al carcelero que los guardase con seguridad. El cual, recibido este mandato, los metió en el calabozo de más adentro, y les aseguró los pies en el cepo (vv. 20-24).

Como occidentales, cuando pensamos en "el cepo", nos imaginamos a la Nueva Inglaterra del siglo XVIII, a la vergüenza de tener la cabeza y las manos expuestas en un artilugio público. Pero así no es como eran los cepos del Imperio romano del siglo I. Estas intrincadas máquinas retorcían el cuerpo del prisionero en todo tipo de insoportables posturas, fijando miembros y articulaciones hasta el punto en que todo el organismo se acalambraba. El cuerpo del preso se ponía rígido con dolor punzante, y entonces los romanos lo dejaban allí durante varios días.

Observa que al carcelero no le ordenan que trate a los prisioneros de este modo; los magistrados le piden que los mantenga a buen recaudo, pero en vez de eso los tortura. Por tanto, al momento no estamos tratando con un individuo muy bueno que digamos. Este carcelero hace muy bien su trabajo y, probablemente, le gusta más de lo que debería gustarle.

Sin embargo, cuando se trata de sentirse orgulloso por el trabajo realizado, Pablo no pudo haber agradado a este sujeto. "Pero a medianoche, orando Pablo y Silas, cantaban himnos a Dios; y los presos los oían" (Hch. 16:25). Si detestaras el evangelio, ¿no sería el apóstol Pablo el ser humano vivo más frustrante? Sin importar lo que cualquiera le hiciera a este hombre, él amaba a Dios y continuamente lo mostraba en toda forma posible.

Vemos reflejada la obsesión de Pablo con el evangelio a lo largo de su epístola a los Filipenses. Él es el hombre que al ser amenazado dice:

—Bueno…, morir es ganancia.

—Entonces te torturaremos —dirán en respuesta sus captores.

—No cuento el sufrimiento actual ni siquiera como digno de compararse con la gloria futura —replicaría él.

No se puede vencer a un individuo como este. Si lo quieren matar, Pablo está tranquilo con eso porque significa que va a estar con Jesús. Si lo que quieren es hacerle sufrir, él está tranquilo con eso porque sufrir lo asemeja a Jesús. Si lo quieren dejar vivo, está tranquilo con eso porque para él "vivir es Cristo". Pablo es, como Richard Sibbes dice de todo aquel que está unido con Cristo, un hombre a quien "no se le puede conquistar".[1]

La tenaz obsesión de Pablo con Jesús constituye una reminiscencia de estas palabras del padre de la iglesia primitiva, Juan Crisóstomo, quien al parecer fue amenazado con el destierro si no renunciaba a su fe:

---

1. Richard Sibbes, *A Bruised Reed* (ReadaClassic.com, 2010), p. 5.

Si la emperatriz quiere desterrarme, que lo haga;
"la tierra es del Señor. Si la soberana quiere hacerme aserrar, tendré a Isaías por ejemplo. Si
ella quiere hacer que me ahoguen en el océano,
pienso en Jonás. Si me arrojan al fuego, pienso
en los tres hombres en el horno que padecieron
lo mismo. Si me lanzan delante de bestias salva-
jes, recuerdo a Daniel en el foso de los leones.
Si la emperatriz quiere hacerme apedrear, tengo
a Esteban, el primer mártir como ejemplo. Si
ella pide mi cabeza, dejen que lo haga; Juan el
Bautista brilla delante de mí. Desnudo salí del
vientre de mi madre y desnudo saldré de este
mundo. Pablo me recuerda: "Si todavía agra-
dara a los hombres, no sería siervo de Cristo".[2]

Este hombre se parece mucho a Pablo, ¿verdad? En respuesta
a su valiente obra misionera en un lugar hostil, los romanos ponen al apóstol en lo más profundo de la cárcel y lo atan al cepo, y
él dice básicamente: "Voy a cantar y a orar mientras estoy aquí".
Y mientras él y Silas cantan y oran, algo extraordinario sucede.

Entonces sobrevino de repente un gran terremo-
to, de tal manera que los cimientos de la cárcel
se sacudían; y al instante se abrieron todas las

_____

2. San Juan Crisóstomo, *Saint Chrysostom on the Priesthood, Ascetic
Treatises, Select Homilies and Letters and Homilies on the Statues*, ed.
Philip Schaff (Whitefish, MT: Kessinger Publishing, 2004), p. 14.

puertas, y las cadenas de todos se soltaron. Despertando el carcelero, y viendo abiertas las puertas de la cárcel, sacó la espada y se iba a matar, pensando que los presos habían huido. Mas Pablo clamó a gran voz, diciendo: No te hagas ningún mal, pues todos estamos aquí. Él entonces, pidiendo luz, se precipitó adentro, y temblando, se postró a los pies de Pablo y de Silas; y sacándolos, les dijo: Señores, ¿qué debo hacer para ser salvo? Ellos dijeron: Cree en el Señor Jesucristo, y serás salvo, tú y tu casa. Y le hablaron la palabra del Señor a él y a todos los que estaban en su casa. Y él, tomándolos en aquella misma hora de la noche, les lavó las heridas; y en seguida se bautizó él con todos los suyos. Y llevándolos a su casa, les puso la mesa; y se regocijó con toda su casa de haber creído a Dios (Hch. 16:26-34).

Esta es una historia de conversión totalmente única que nos ayuda a tener una idea más clara de la iglesia en Filipos. El carcelero no es como nuestros dos primeros personajes estudiados. Él es básicamente un obrero y ex soldado a cargo de las celdas de la cárcel. El hombre no está interesado en las incesantes bromas de los intelectuales, ni se dedica al alboroto carismático del poder espiritual. Él es como el individuo que simplemente quiere invertir su tiempo en el trabajo para poder ir a casa, tomarse una cerveza, y ver el partido. El carcelero tal vez no es un tipo que se sienta por ahí a pensar mucho acerca del significado de la vida.

Cumple con el deber. Solo quiere hacer bien su trabajo, honrar a sus empleadores imperiales, y regresar a su bien ordenada casa. En la escala entre Lidia y la muchacha esclava, el carcelero está en la clase media. No es muy rico, pero tampoco pobre.

¿Cómo puede agarrarlo el evangelio? Durante este período, si en Roma un prisionero escapaba o se perdía, quien fuera responsable de vigilarlo pagaba el precio con su vida. Al igual que muchos de los obreros de hoy, este carcelero ha llegado a identificarse con su trabajo. Existen personas en la actualidad que no pueden pensar por sí mismas sino por lo que hacen, y quizás este hombre no sea diferente. Por eso, cuando ve que podría estar a punto de perder gran parte de lo que se le ha confiado, de modo automático lo único que se le ocurre es quitarse la vida. Inmediatamente extrae su espada y se alista para matarse. Pero Pablo le muestra una identidad mejor, una realidad más satisfactoria, y un deber superior que trasciende todo lo que este individuo ha conocido hasta aquí.

Le muestra al carcelero esta realidad principalmente con el ejemplo. Después de haber sido torturados, los misioneros cantan y oran. Después de ser libres de sus ataduras y, a pesar de que la oportunidad de escapar y vengarse está delante de ellos, los misioneros se quedan para hablar del evangelio. Aunque tienen ocasión de huir, permanecen ahí. Y el carcelero queda atónito. Aunque Pablo atrae a Lidia por medio del intelecto de ella, y a la esclava por medio del poder espiritual, atrae al carcelero por medio de la presencia viva de un milagro.

Así es como empieza la iglesia en Filipos, con una empresaria judía de la moda, una muchacha esclava poseída por demonios, y un obrero y ex soldado afín con el Imperio romano. Tal vez ese no sea exactamente tu sueño de equipo de plantación de iglesias, pero el Espíritu obra en maneras extrañas con la finalidad de redimir por completo a las personas más improbables y diversas. Vemos en el historial de Hechos 16 la hermosa reconciliación que el evangelio logra, no solo de individuos impíos hacia un Dios santo, ¡sino de personas superficialmente incompatibles entre sí! Jesús toma a extraños y los convierte en una familia.

LA NUEVA COMUNIDAD DEL EVANGELIO

Ahora vemos que cuando Pablo escribe a los cristianos de Filipos: "Os amo a todos vosotros con el entrañable amor de Jesucristo", se debe a que él estuvo *allí*. Se está refiriendo a Lidia. Le habla a esta muchachita esclava. Se comunica con el carcelero. Cuando Pablo manifiesta: "Doy gracias a mi Dios siempre que me acuerdo de vosotros", estas personas son las que él recuerda.

Para cuando Pablo les escribe a los filipenses, ¿qué edad tiene esta muchachita? ¿En qué clase de jovencita se ha convertido? Han pasado aproximadamente entre diez y quince años desde la fundación de la iglesia en Filipos. ¿Está casada la muchacha? ¿Tiene hijos? ¿Y qué de Lidia? ¿Qué ha hecho ella por el bien del evangelio con toda su riqueza? ¿Y qué del carcelero... se ha suavizado, o aún es rudo?

Pablo conoce esta iglesia. Él ha ganado las almas en ella. Las ha bautizado. Él fue el conducto por el cual el poder del Espíritu

Santo se derramó allí. Por esto es que Pablo los ama con el amor de Jesucristo.

Es de esta experiencia con los filipenses y de otros viajes misioneros que Pablo ha adoptado la posición de que al evangelio no lo pueden detener barreras socioeconómicas, raciales o religiosas que seres humanos caídos hemos levantado. La experiencia del apóstol deriva de su propia conversión asombrosa de perseguidor judío de la iglesia a predicador de Jesucristo hacia los gentiles. En estos casos increíbles, el evangelio desafía toda raza, clase, posición y hasta aptitud.

Si somos sinceros con nosotros mismos, debemos admitir que nuestra tendencia es convivir con personas que se parecen a nosotros. Vivimos en barrios y nos relacionamos con personas parecidas a nosotros y que actúan como nosotros. La mayoría vamos a la iglesia con personas similares a nosotros. Esta es la tendencia natural de todas las personas. *Pero el evangelio no es natural.* Como vemos aquí en los curiosos inicios de la iglesia en Filipos, el evangelio cierra las puertas de nuestras pequeñas comunidades hegemónicas y crea una comunidad totalmente nueva que nunca se habría formado sin su influencia. Aparte del ministerio sobrenaturalmente reconciliador de la gracia, acaudaladas empresarias de moda no se relacionan con endemoniadas pobres. Simplemente, algo así no funciona. Pero ya que Pablo está dispuesto a sufrir en carne propia, arriesgando su vida para llevar el mensaje de vida en Cristo, lo que una vez estaba dividido ahora se halla unido en amor.

Esta es la clase de situación que anima a Pablo. Esta comunidad sobrenatural lo hace más audaz en el ministerio porque le provee una imagen más clara de los efectos del evangelio entre la gente. El apóstol realmente ve que el evangelio se extiende en el mundo, llevando fruto y creciendo (Col. 1:6). Y también fructifica dentro de las personas, no solo entre ellas. El evangelio crea una nueva realidad que profundiza nuestra comprensión del mundo y de nuestro lugar en él. Este objetivo es hacia donde Pablo se dirige en el libro de Filipenses. Cuando recuerda las poderosas conversiones que ha presenciado, desea llevar a las mentes de estas personas la seguridad de vida en Cristo que fortalece diariamente el alma dondequiera que se encuentren; sean ricos o pobres, estén sanos o enfermos, se hallen vivos o muertos. Y aquí Pablo no está simplemente adulando.

Así como el origen de la siembra de la iglesia en Filipos se extiende a una época de Pablo en la cárcel, su amoroso recuerdo en la carta también proviene de una prisión. Como vemos, Pablo escribió a sus amigos en Filipos desde la celda de una cárcel.

CAPÍTULO DOS

LA VIDA DIGNA

Solamente que os comportéis como es digno
del evangelio de Cristo (Fil. 1:27).

A través del evangelio, Jesús está haciendo un pueblo para sí mismo. A este pueblo lo llamamos Iglesia, y está constituida por individuos de toda lengua, tribu, raza y nación. El nuevo pacto crea una nueva comunidad que une a judíos y gentiles, hombres y mujeres, esclavos y libres… y hace de ellos una nueva humanidad al estar unidos en Cristo por la fe en Él. Pero el evangelio no solo trasciende y transforma nuestras instituciones y divisiones humanas; también trasciende y transforma nuestras circunstancias.

Después que Pablo saluda a los filipenses con amor personal y pastoral, continúa su carta poniendo de relieve el poder continuo e inmediato de las buenas nuevas.

> Quiero que sepáis, hermanos, que las cosas que me han sucedido, han redundado más bien para el progreso del evangelio, de tal manera que mis prisiones se han hecho patentes en Cristo en todo el pretorio, y a todos los demás (Fil. 1:12-13).

Pablo está preso. De nuevo. Cada vez que esto sucede no está seguro de si será liberado o ejecutado. Y, aunque se halle fuera de la cárcel, no está libre de las amenazas a su vida. Sin embargo, querido lector, observa la perspectiva del apóstol en toda la situación. Él puede ver sus problemas y su encarcelamiento solo a través de la lente del optimismo alimentado por la gracia. ¡El evangelio se ha llegado a conocer por toda la guardia imperial! ¿No tendría sentido que al ver las conversiones, entre sus actuales captores, Pablo recordara la conversión del carcelero filipense? ¿No le recordarían estas poco probables respuestas hacia Jesucristo la manera en que Lidia y la muchacha esclava habían llegado a Cristo?

El evangelio no solo empieza a extenderse por toda la guardia imperial, sino que otros se animan aún más a proclamarlo con valentía: "Y la mayoría de los hermanos, cobrando ánimo en el Señor con mis prisiones, se atreven mucho más a hablar la palabra sin temor" (Fil. 1:14). Asombra considerar el nivel en que Pablo se refiere a su vida como un sacrificio. Ve su encarcelamiento como el sacrificio necesario para que el resto de hermanos se conviertan en valientes y audaces predicadores del evangelio. Él ve sus pruebas como los sacrificios necesarios para llevar a Cristo a los perdidos. Si esto significa la muerte, estará dispuesto a sufrirla para guiar a otros al hogar.

Por la causa de Cristo, Pablo parece estar listo y dispuesto a renunciar a aspectos que muchos de nosotros mantenemos cada día como sagrados, concretamente nuestro sentido de justicia y seguridad. Podemos ver esto con claridad en lo que el apóstol dice a continuación:

Algunos, a la verdad, predican a Cristo por
envidia y contienda; pero otros de buena voluntad. Los unos anuncian a Cristo por contención, no sinceramente, pensando añadir
aflicción a mis prisiones; pero los otros por
amor, sabiendo que estoy puesto para la defen-
sa del evangelio. ¿Qué, pues? Que no obstante,
de todas maneras, o por pretexto o por verdad,
Cristo es anunciado; y en esto me gozo, y me
gozaré aún (Fil. 1:15-18).

¿Qué está sucediendo aquí? Bueno, cuando tomas a un líder
dominante como Pablo y lo quitas del escenario, otras personas
ambiciosas empiezan a ocupar el hueco. Como suele decirse, la
naturaleza aborrece el vacío y lo ocupa con algo más; y eso es
lo que ocurre cuando se quita un liderazgo fuerte. Por ejemplo,
cuando Alejandro Magno murió, todo su imperio comenzó a
derrumbarse en el lapso de tres a cinco años. *¿Por qué?* Porque el
vacío que este hombre dejó empezó a llenarse con facciones de
guerra que competían por el poder. Algo parecido ocurre aquí
en ausencia de Pablo. Al ser encarcelado, otros tratan de ocupar
su puesto. Como él afirma, algunos predican a Cristo pero no
tienen ninguna intención de calzar los zapatos del apóstol. No
predican por amor, por "buena voluntad", o para continuar el
ministerio que hizo de Pablo a *Pablo*, quien sin Cristo en realidad
no era el mismo Pablo. Al contrario, otros intentan usurpar el
manto de liderazgo por "contención", buscando la posición del
apóstol para apropiarse de la gloria de él y, en última instancia,

de Dios. Pero Pablo tiene una perspectiva extraordinaria aun sobre este perverso interés, ya que razona: "Si Cristo es anunciado, en esto me gozaré" (Fil. 1:18, paráfrasis del autor).

¿No es de extrañar que este sentimiento venga del corazón de un hombre que ha visto a Cristo salvar por medio del intelecto, del poder, y con el ejemplo? Él ha visto a Cristo salvar incluso en las más siniestras circunstancias de persecución y prisión. Pablo sabe que Dios hará conocer su nombre divino y que puede usar nuestra perversión para su bien. Desde la perspectiva de Pablo, y a la luz del evangelio, todo debe servir al propósito de la gloria de Cristo; por tanto, no es una tragedia que Pablo esté en la cárcel siendo perseguido allí dentro, o siendo injustamente calumniado fuera. No, esto es un privilegio. Pablo piensa que es una bendición ser considerado digno de sufrir por la causa de Cristo. Este no es el tipo de cristianismo al que cualquiera de nosotros llega, a no ser que se experimente profundamente la cruz de Cristo aplicada a nuestras vidas.

ANDAR COMO ES DIGNO

Pablo usa la palabra *digno* varias veces en sus cartas a las iglesias. En Efesios 4:1 escribe acerca de andar de una manera digna del llamado de Dios. En Colosenses 1:10 escribe respecto a caminar en una forma digna del Señor. En 1 Tesalonicenses 2:12 escribe en cuanto a andar como es digno de Dios. En 2 Tesalonicenses 1:5 insta a que se viva de modo que seamos dignos del reino de Dios.

No obstante, ¿qué significa esta palabra *digno*?

Para Pablo significa *atribuir valor*. Cuando él nos ordena que vivamos de manera "digna", quiere decir que debemos vivir en tal forma que muestre que lo que creemos tiene valor supremo. Para los cristianos esto significa vivir de tal modo que se vea a Jesús como grandioso, que se le vea como glorioso.

En la economía espiritual de Pablo, Dios y su evangelio son lo más importante, no Pablo y su bienestar. Cristo tiene tan cautivado al apóstol que ha llegado a ser todo para él. Por eso, cuando las personas predican a Cristo, sea por fingimiento o en verdad, Pablo se alegra de que Cristo sea proclamado. Aunque algunos pretendan hacerle daño, él considera este perjuicio como un justo intercambio por la oportunidad de proclamar a Jesús. Es esta estabilidad espiritual, nacida de un corazón centrado en el evangelio, lo que ofrece a Pablo paz y contentamiento (y sí, *gozo*), sin importar la situación en que se encuentre.

Él dice: "En la cárcel, me regocijaré. Si vivo en casa de Lidia, me regocijaré. De cualquier modo, me regocijaré".

¿Qué, pues? Que no obstante, de todas maneras, o por pretexto o por verdad, Cristo es anunciado; y en esto me gozo, y me gozaré aún. Porque sé que por vuestra oración y la suministración del Espíritu de Jesucristo, esto resultará en mi liberación, conforme a mi anhelo y esperanza de que en nada seré avergonzado; antes bien con toda confianza, como siempre, ahora también será magnificado Cristo en mi cuerpo, o por

vida o por muerte. Porque para mí el vivir es
Cristo, y el morir es ganancia (Fil. 1:18-21).

Pues bien, ¡desde luego! Por supuesto que es así. Es fácil
confesar que vivir es Cristo, ¿verdad? *No tan rápido.* La confesión y la convicción no siempre van de la mano. La confesión
de Pablo surge de profunda convicción. Él ha visto que la vida
no podría ser nada más que Cristo. Lo ha visto en su ministerio una y otra vez.

A Lidia no le falta nada. Tiene todo lo que cualquiera de
nosotros podría desear. Es rica, inteligente y poderosa. Ella tiene
las cosas que la mayoría de nosotros tratamos de obtener en la
vida. Sin embargo, ¿a dónde iría a parar sin Cristo? A la banca-
rrota espiritual. Todos los tesoros de esta mujer vienen con fecha
de caducidad. ¿Viviría Pablo para algo así?

¿Permitió la muchachita que la amargura y la ira de ser ven-
dida como esclava le corroyeran el alma hasta el punto de ser
vulnerable a la opresión demoníaca? ¿Es esa una opción de vida
para Pablo? Desde luego que él ha sido traicionado, asaltado y
arrojado al cautiverio. El apóstol no es ajeno a la tentación de
la venganza.

Lidia, la muchacha esclava y el carcelero a su propia manera estaban completamente esclavizados al tipo de vida que
hombres y mujeres eligen todo el tiempo, y Pablo constató el
quebrantamiento moral y la disfunción espiritual en todo ello.
También vio el gozo que viene cuando el evangelio sana, transforma y restaura. Él mismo vivió una vez en amargura y malicia, persiguiendo a la iglesia a la que más tarde llegó a amar.

Entonces Dios le embargó la vida. El celoso fariseo se convirtió en el apóstol con el corazón en el evangelio. Así que desde luego Pablo diría: "Vivir es Cristo". En la lógica del evangelio no hay alternativas para Cristo. Cualquier otra opción para nada es una opción. Cuando todo lo considerado valioso en la vida se ve como nada en comparación con la gloria de Cristo, aprendemos bastante bien que solo vale la pena vivir para Cristo. Solo Él es digno de todos los afectos y las devociones de toda una vida. En realidad, Él es digno de muchísimo más, por lo cual Pablo completa su declaración de "vivir es Cristo", de este modo: "Morir es ganancia".

VALE LA PENA MORIR POR ÉL

"Porque para mí el vivir es Cristo, y el morir es ganancia" (Fil. 1:21). Rodeado de la gracia de Dios por todos lados, estando en Cristo y con Cristo viviendo en él, Pablo sabe que está cubierto no solo en esta vida sino también en la muerte. Cuando Dios promete vida a quienes confían en Él, concede vida *eterna*.

> Mas si el vivir en la carne resulta para mí en beneficio de la obra, no sé entonces qué escoger. Porque de ambas cosas estoy puesto en estrecho, teniendo deseo de partir y estar con Cristo, lo cual es muchísimo mejor; pero quedar en la carne es más necesario por causa de vosotros. Y confiado en esto, sé que quedaré, que aún permaneceré con todos vosotros, para vuestro

provecho y gozo de la fe, para que abunde vuestra gloria de mí en Cristo Jesús por mi presencia otra vez entre vosotros (Fil. 1:22-26).

En otra parte, Pablo afirma: "Si la esperanza que tenemos en Cristo fuera sólo para esta vida, seríamos los más desdichados de todos los mortales" (1 Co. 15:19, NVI). Viene un día grandioso, una mayor recompensa, una existencia superior, y el propósito de vida mientras estamos vivos es andar de manera digna del evangelio, lo cual conlleva la promesa de vida eterna. Jesús declara: "Aunque mueras, vivirás" (Jn. 11:25, paráfrasis del autor). Para quienes están unidos a Cristo por fe, la muerte no tiene aguijón ni victoria (1 Co. 15:55). Es más, ¡estar presente con el Señor es mejor que la vida! El gran predicador Dwight Moody dijo una vez: "Algún día leerás en los periódicos que D. L. Moody, de East Northfield, está muerto. ¡No creas una sola palabra! En ese momento estaré más vivo de lo que estoy ahora".[1]

La muerte es para el cristiano un regreso al hogar. Pablo lo ve como ganancia porque lo ve como la recompensa por ofrecerse a sí mismo como sacrificio vivo en este lado del velo. Por tanto, en la cárcel manifiesta: "Sería mejor ir a casa". Y en la comodidad y opulencia de la casa de Lidia, él también declara: "Sería mejor ir a casa".

---

1. D. L. Moody, citado en William R. Moody, *The Life of Dwight L. Moody* (Grand Rapids, MI: Fleming H. Revell, 1900), iii.

CÓMO HACER QUE EL EVANGELIO LUZCA GRANDE

Pablo ama tanto a los miembros de la iglesia en Filipos que empieza a suplicarles que anhelen algo mejor que cualquier otra cosa que pudieran desear: "Solamente que os comportéis como es digno del evangelio de Cristo" (Fil. 1:27).

Este en sí es un reto de enormes proporciones. ¿Es siquiera posible vivir de una manera que sea digna del evangelio? *Puesto que nos trae vida eterna en Jesús,* ¿no es de infinito valor el evangelio? No sé tú, pero para mí este llamado me parece imposible. Afortunadamente, Pablo no nos deja con un mandamiento ambiguo. Él continúa:

> Solamente que os comportéis como es digno del evangelio de Cristo, para que o sea que vaya a veros, o que esté ausente, oiga de vosotros que estáis firmes en un mismo espíritu (Fil. 1:27).

El apóstol relaciona una vez más el poder del evangelio con ese grupo de personas variado y extraño, agrupado por medio del Espíritu Santo en una nueva comunidad llamada Cuerpo de Cristo. La empresaria acaudalada, la esclava pobre y el representante de la clase trabajadora se unen como un testimonio del poder del evangelio en Filipos. No obstante, ¿cómo se vive de una manera digna del evangelio? Es como morir al yo con Cristo y ser resucitado en Cristo para andar en vida renovada con nuestros hermanos y hermanas. Significa llevar vidas repletas de gracia que brindan paciencia, misericordia y mansedumbre a los recorridos espirituales de otros, así como respeto por las contrariedades e idiosincrasias que todos llevamos ante la mesa del Señor.

El terreno se nivela al pie de la cruz de Cristo.

Este recorrido no es fácil en nuestra cultura de consumo en que todo se encuentra tan polarizado. Desde religión a política y hasta cultura pop, todo el mundo cree que su manera de vivir es *la manera*. Tratamos a nuestras celebridades como ídolos y a nuestros políticos como mesías. Dentro de la iglesia local tratamos a nuestros ministerios y a nuestros modelos de crecimiento como leyes inviolables de la naturaleza. Empezamos a creer que nuestra manera de hacer iglesia es la única manera de hacer iglesia. Creemos que nuestra forma de predicar es la única forma de predicar. En estos bruscos vaivenes del péndulo ideológico vamos mucho más allá de lo que las Escrituras realmente ordenan. Y el resultado es una iglesia monocromática y unidimensional, y un "evangelio" impotente. En esta desunión existe una negación fundamental del poder de Jesucristo para convertir en mi hermano al trabajador de habla hispana, en mi hermana a la mujer asiática que vende ropa, en mi familia a una iglesia en casa en los suburbios brasileños. Cuando todos nosotros, diferentes tipos de personas, andamos juntos en unidad para la gloria de Cristo, el evangelio se ve realmente grande.

El evangelio de Jesucristo vale la pena vivirlo, *sí,* y vale la pena morir por él, *desde luego.* Sin embargo, lo que mostramos es sumamente valioso para nosotros cuando nos negamos a nosotros mismos y tomamos nuestras cruces a fin de bendecir a las personas hacia quienes el evangelio nos está llamando. No más péndulos de vaivenes ideológicos. Ya no nos dejaremos llevar por todo viento de falsa doctrina. Ya no nos moverán de aquí para allá especulaciones, mitos, dudas e intereses personales. Al contrario, juntos estaremos "firmes en un mismo espíritu" (Fil. 1:27). Cuando renunciamos a nuestra propia manera de vivir a fin de estar juntos en el Espíritu de Cristo, hacemos que el evangelio parezca sumamente valioso. Ahora que hemos quitado nuestra energía y nuestros afectos de ambiciones egoístas, podemos salir juntos a hacer misión, "combatiendo unánimes por la fe del evangelio" (Fil. 1:27).

Te diré la manera equivocada de leer estas historias. Creo que a veces leemos la Biblia y pensamos que todos aquellos de los que leemos son diferentes de nosotros. Pienso que creemos que Lidia se convirtió y nunca volvió a luchar con dudas o temores. Creemos que la muchacha esclava llegó a conocer a Cristo y nunca más volvió a luchar con su amargura, su ira o su capacidad de perdonar. Creemos que el diligente carcelero se convirtió, y al instante se llenó tanto del Espíritu Santo que flotó en medio de la gloria Shejiná, convirtiendo al resto de la legión romana allí en Filipos. Pero esto no es verdad. Pablo dice a los filipenses que llevar una vida digna del evangelio significa estar firmes como uno solo, luchando en una misma mente por lo que está por delante. Implícitamente, vemos que la iglesia en Filipos no era una iglesia perfecta. Es más, el evangelio es elogiable cuando podemos admitir que no somos perfectos, incluso después de habernos salvado.

Lo que comento a continuación es pura especulación, sin embargo, ¿crees que había alguna posibilidad de que, a medida que la iglesia en Filipos creciera, Lidia empezara a luchar con el orgullo? Ella tenía una casa grande. Probablemente financiaba gran parte de lo que estaba pasando en la iglesia. Había una posibilidad de que con el tiempo esta mujer pudiera volverse bastante fanática del control. Si conoces a los del tipo directores ejecutivos, quizás veas que es posible que ella pudiera creer que sus ideas sobre cómo hacer las cosas en la iglesia fueran las correctas.

¿Qué decir de la muchacha esclava? ¿Supones que, a medida que envejeciera podría tener algunos problemas relacionales? ¿No crees que tal vez ella podría tener problemas con confiar en las personas, particularmente hombres?

¿Crees que nuestro trabajador ex soldado necesitaría que el Señor le suavizara el corazón y se lo sensibilizara un poco? Quizás batalle con la rudeza y manipule a todos como si tuvieran la insensibilidad de un soldado o un prisionero.

Tal vez cosas como estas son las que están detrás del ánimo de Pablo en Filipenses 1:6: "Estando persuadido de esto, que el que comenzó en vosotros la buena obra, la perfeccionará hasta el día de Jesucristo".

Llevar una vida digna del evangelio no significa fingir que somos perfectos. Al contrario, significa tener la humildad para pensar que otros son mejores que nosotros mismos (Fil. 2:3). Significa hacer a un lado los intereses personales para trabajar juntos, comprendiendo que todos estamos aún en proceso. Tengamos la gracia de Dios y el derramamiento de amor inmerecido unos por otros que Él nos concedió al pasar por alto nuestros pecados. Juntos podemos luchar en la santidad imputada a nosotros en Cristo, y que se nos promete en la era venidera.

EVANGELIO DE VALOR

Hemos visto hasta aquí que llevar una vida digna del evangelio significa ser humildes y buscar unidad. Estos son conceptos que Pablo seguirá desarrollando a lo largo de esta carta. Pero, antes de que Filipenses 1 concluya, el apóstol nos ofrece otra característica de la vida digna, algo más que hace parecer grande al evangelio.

¿A qué se parece tener una vida cristiana madura?

> Solamente que os comportéis como es digno del evangelio de Cristo, para que o sea que vaya a veros, o que esté ausente, oiga de vosotros que estáis firmes en un mismo espíritu, combatiendo unánimes por la fe del evangelio, y en nada intimidados por los que se oponen, que para ellos ciertamente es indicio de perdición, mas para vosotros de salvación; y esto de Dios (Fil. 1:27-28).

El cristiano que lleva una vida digna del evangelio de Jesucristo es valiente, independientemente de la situación que viva.

Creo que este concepto es difícil para nosotros aunque casi ninguno veremos nuestras vidas en peligro debido a nuestra fe. En estos momentos, aun mientras a los cristianos se nos margina más y más en la cultura en general, en la mayoría de países sigue siendo muy improbable que alguien vaya a conspirar para asesinarte, o incluso que se vuelva agresivamente violento contra ti solo por causa de tu fe. Pero todavía hay gran cantidad de maneras en que el temor y el valor se aplican a nuestro contexto.

Un amigo mío tiene una esposa hermosa, una pequeñita muy precoz, y un niño pequeño que es el chico más tierno que he visto en mi vida. Mi amigo ama mucho a su familia. Gana bastante dinero, vive en una casa espaciosa, y tiene excelentes amistades. Él disfruta de una vida realmente buena. Creo que, independientemente de dónde vengas, puedes mirar su vida y pensar: *él es muy bendecido.*

Recientemente mi amigo tomó un avión a Darfur para ir a uno de los lugares más peligrosos del mundo, con el fin de cavar pozos para el pueblo que habita allí. Fue para ayudar a proveer agua potable a personas que él no conocía y que, en general, no querían su ayuda. Algunos de ellos preferirían que él muriera antes de que estuviera allí para darles agua potable. Durante el viaje, mi amigo apostó todo a la providencia de Dios para no encontrarse con una multitud peligrosa en un momento inoportuno. Porque si algo así llegara a suceder, en algunos de los lugares desérticos por donde el grupo de mi amigo debía viajar, podría ser asesinado.

Pues bien, ¿por qué mi amigo dejaría una atractiva esposa y dos maravillosos hijos y se subiría a un avión para ir a cavar pozos de agua para personas que simplemente lo matarían tan pronto como bebieran el agua que les estaba proporcionando? *¿Por qué haría él algo así?* Porque vivir es Cristo y morir es ganancia.

Desde nuestra zona cómoda occidental aquello se puede ver como un ejemplo extremo de valor alimentado por el evangelio.

Sin embargo, ¿no necesitamos este tipo de confianza en Cristo para simplemente vencer el temor de hablar del evangelio con nuestro prójimo? Pablo habla de marginalización, insultos, opresión, persecución y sufrimiento como si fueran *regalos*. Se nos "conceden" para promover la causa de Cristo, que es la meta hacia la cual luchamos todos juntos. Llegará el día, *quizás sea hoy*, en que moriremos y veremos que toda la historia se está reescribiendo desde las moradas celestiales. Los anales de la historia no estarán llenos de guerras y reyes; habrá una historia, los héroes serán misioneros, y el vencedor se verá claramente como Cristo. Después de saber esto, ¿a quién le importa que nuestros amigos o enemigos se burlen de nosotros? No seamos "en nada intimidados por los que se oponen" (Fil. 1:28). Estemos dispuestos a abordar un avión e ir a lugares peligrosos. Estemos dispuestos a sufrir recortes salariales para hacer lo correcto. Estemos dispuestos, sin importar quién sea nuestro oponente, a ser intrépidos.

¿Por qué?

Para ellos ciertamente es indicio de perdición, mas para vosotros de salvación; y esto de Dios. Porque a vosotros os es concedido a causa de Cristo, no sólo que creáis en él, sino también que padezcáis por él, teniendo el mismo conflicto que habéis visto en mí, y ahora oís que hay en mí (Fil. 1:28-30).

Oponerse a causa de nuestra fe es una señal de la destrucción de nuestro adversario. Irónico, ¿verdad? Especialmente debido a que los adversarios tenían en mente la destrucción de la iglesia primitiva. Es más, ¡oponerse a nuestra fe en Cristo constituye una bendición porque es en sí una señal de nuestra salvación! Jesús lo expresa de este modo:

> Bienaventurados los que padecen persecución por causa de la justicia, porque de ellos es el reino de los cielos. Bienaventurados sois cuando por mi causa os vituperen y os persigan, y digan toda clase de mal contra vosotros, mintiendo. Gozaos y alegraos, porque vuestro galardón es grande en los cielos; porque así persiguieron a los profetas que fueron antes de vosotros (Mt. 5:10-12).

La fe sin temor resulta cuando nos aferramos a Cristo como nuestro tesoro. La valentía evangelizadora es resultado de la hermosura del evangelio. Si creemos de veras que nuestra recompensa en el cielo supera con creces toda comodidad, ventaja y colecciones del mundo, nosotros también estaríamos dispuestos a considerar todo eso como basura.

Pablo anima a los miembros de la iglesia en Filipos a recordar el evangelio que los salvó, el evangelio que los juntó y los convirtió en una familia, el evangelio que los mantiene confiados segundo a segundo para la glorificación de la eternidad, de modo que no se apeguen a nada más y que, en última instancia, no teman a nada.

La rica empresaria, la muchacha esclava adivina, el carcelero obligado por el deber... todos ellos hallaron algo más grande, algo más hermoso, algo más glorioso que aquello a lo que habían estado aferrándose. Liberados por Jesús y totalmente seguros, pudieron perder toda confianza en la carne y hallar valor inviolable en su Redentor.

¿A qué se parece, por tanto, llevar una vida digna del evangelio de Jesucristo? Se parece a andar, amar y vivir con quienes son diferentes a nosotros. Lo que nos une es Cristo. Llevar una vida digna del evangelio de Jesucristo se parece a luchar juntos para hacer conocer a Cristo. Lo que nos motiva es Cristo. Vivir así se parece a ponernos de pie con valentía contra todos los opresores, naturales y sobrenaturales. Lo que nos brinda seguridad es Cristo.

Vivir es Cristo, y morir es ganancia.

Cristo lo es todo. Mirándolo de ese modo, la implicación se vuelve bastante simple. No fácil, sino simple. Si una vida cristiana madura, o una vida digna del evangelio de Jesucristo, es una vida en que vivimos profundamente con otros a pesar de las diferencias externas, si nos esmeramos por alcanzar una fe más profunda y crecemos junto con otros en esa fe, unidos en Cristo, yendo juntos tras Él, y si todo esto lo hacemos con audacia en fe... *¿cómo crees que nos irá?*

Enfrenta sin temor esa pregunta.

¿Estás llevando una vida digna del evangelio de Jesucristo? ¿Has descubierto que vale la pena vivir y morir por Cristo, y despojarte de todo por causa de Cristo? Examina tu corazón. ¿Pasas simplemente el tiempo con personas que son como tú?

¿Eres tímido y temeroso cuando llega alguna oposición a tu fe? Y, por último, ¿estás creciendo en Dios, o te encuentras estancado e indiferente? Recuerda que estamos hablando de qué significa ser maduro en Cristo.

Enfrenta estas preguntas con valor, y sigue adelante. Jesús te ama.

CAPÍTULO TRES

AQUEL A QUIEN DIOS EXALTA

Nada hagáis por contienda o por vanagloria (Fil. 2:3).

Filipenses 2 habla en serio. No sé cómo más resumirlo, excepto declarar que habla en serio. Esto es lo que quiero decir con *hablar en serio:* Filipenses 2 va tras el corazón. Hay partes de Filipenses 1 que ponen presiones sobre nuestro corazón y que hasta podrían conmover nuestro corazón, pero Filipenses 2 ataca con violencia al centro de la fe. Al estilo del Espíritu, los pasajes aquí asaltan nuestro orgullo y con gracia vendan nuestras heridas. Tal vez hayas oído que la predicación del evangelio aflige al cómodo y consuela al afligido. Esta es la dinámica que está en juego en Filipenses 2.

La motivación de esta agresividad (y por supuesto que no me refiero a ira o malicia sino más a ferocidad e intensidad) es la exaltación del Dios todopoderoso. Un tanto distorsionado por el himno de humildad, que Pablo nos enseña en las líneas iniciales de este capítulo, se encuentra el deseo de crear adoradores apasionados del Dios que es fuego consumidor. La idea central de Filipenses 2 es tan abundante en las Escrituras que, si fuéramos a exprimir la Biblia, nos resultaría esto: "El principio de la sabiduría es el temor de Jehová" (Sal. 111:10; Pr. 9:10).

Al relacionar las conversiones en los orígenes de la iglesia en Filipos con la carta que nos ocupa, debemos recordar la clase de temor de Dios que conduce a los pecadores hacia las amorosas manos del Señor. La mayoría de personas que llegan a Cristo temen el infierno y el castigo por sus pecados. Ese es un temor completamente racional que debemos tener una vez que se conocen los hechos. Y es un buen temor. Pero no es el mejor temor que podamos tener en ese momento de conversión, principalmente porque no puede sustentar la vida cristiana. No estamos llamados por un espíritu de temor en un espíritu de temor, sino por el Espíritu de gracia en un espíritu de amor y poder.

El temor de Dios que debemos tener no es tanto terror sino *reverencia.*

Nuestra iglesia realiza un campamento familiar todos los veranos en el que vamos al bosque. Hay un pequeño zoológico interactivo para niños en este campamento y, en su interior, tienen cabras que se desmayan. No estoy bromeando. Allí tienen cabras. Y se desmayan. Se ven en YouTube; es algo real y fantástico.

Si agarras desprevenidas a estas cabras y las espantas, las patas se les traban, los animales se bloquean y terminan cayéndose. El primer día del campamento, los directores nos guían por el recorrido y entramos al corral con las cabras que se desmayan. Ellos nos advierten claramente: "No se metan con las cabras, por favor". Por supuesto que cada persona en el grupo piensa: *¿Se desmayará esa cabra si me meto con ella? Muy bien.* De inmediato empiezan a idear maneras creativas de hacer que las cabras se desmayen, tratando de ver cuán rápido logran hacer que se traben y caigan. De repente gritan: "¡Ah!" o les golpean la parte trasera, cualquier cosa funciona. Se convierte en un concurso ver quién puede hacer que las cabras se desmayen más rápido.

Pues bien, permíteme sugerir que este juego se vería totalmente distinto si en vez de una cabra en el corral hubiera un león. Si hubiera un león en el corral, no creo que alguien corriera gritándole o golpeándole por detrás. Tal vez, si un león estuviera en el zoológico interactivo, algunos podrían creer que sería bastante seguro entrar y acariciarlo o simplemente permanecer en silencio. Tal vez. Pero nadie en su sano juicio armaría un escándalo en un corral con un león dentro. Nadie participaría en el juego "Asustemos al superdepredador". Al contrario, hay respeto. Existe un conocimiento respecto al lugar en que nos hallamos. *Ese es un león. Soy un ser humano. Me puede devorar.* Esto inspira temor. Inspira reverencia. Ese es el tipo de temor sano que debemos tener de Dios. Él es como Aslan de Narnia, sabemos que es bueno, pero no es seguro.

La clase de temor que los primeros convertidos en Filipos conocieron fue el bíblico "temor de Dios". Esta es la especie de temor que tipifica la obra de santificación (Fil. 2:12). Es el tipo de temor reverente, humilde y conmovedor. ¿No crees que la muchacha esclava y el carcelero conocieron específicamente este tipo de temor? Sus experiencias de conversión presentaron cruda evidencia del poder de Dios sobre las fuerzas de la naturaleza y del reino satánico. La propia conversión de Pablo fue de manifestación cristológica vívida; sin duda, su extraordinaria conversión se trasladó a su extraordinario ministerio.

Es esta clase de temor de veneración que nos pone en nuestro sitio y que es conmovedor, lo que da colorido a las palabras de Pablo en Filipenses 2.

EL TEMOR PIADOSO NOS HACE HUMILDES

Pablo empieza esta sección de su disertación con estas palabras: "Por tanto, si hay alguna consolación en Cristo" (Fil. 2:1). Él no se refiere a esto de manera tan especulativa como parece. No está tratando de sugerir que tal vez no haya ninguna consolación en Cristo. Pablo simplemente afirma: "Si reconoces la premisa de que hay consolación en Cristo", sabiendo de antemano que con todo lo que sus destinatarios han pasado en sus vidas, ellos conocen por experiencia que hay *mucha* consolación en Cristo.

¿Cuál es la consolación?

En primer lugar, que todos pueden ser salvos sin importar sus antecedentes, aptitudes, pecado o historial familiar. Cuando somos salvos, somos salvos por gracia, y gracia implica "a pesar de". ¡Somos salvos a pesar de tantas cosas! Esa es una gran consolación.

Pablo continúa:

> Por tanto, si hay alguna consolación en Cristo,
> si algún consuelo de amor, si alguna comunión
> del Espíritu, si algún afecto entrañable, si algu-
> na misericordia, completad mi gozo, sintiendo

lo mismo, teniendo el mismo amor, unánimes, sintiendo una misma cosa (Fil. 2:1-2).

¿Hay consuelo en el amor? ¡Por supuesto! Y hay consuelo eterno que fluye del amor de Dios. Pablo está ayudando a los filipenses a relacionar los puntos entre lo que han recibido y lo que deben. En Romanos13:8, el apóstol escribe: "No debáis a nadie nada, sino el amaros unos a otros". Esa es la versión resumida de lo que él dice aquí en Filipenses 2. Si se han consolado con la salvación de Cristo, si han recibido algún consuelo del amor del Padre, si la poderosa presencia del Espíritu mora en ustedes, recorran toda la experiencia cristiana (esto es lo que Pablo les está instando a hacer cuando declara: "Completad mi gozo") viviendo en unidad unos con otros, amándose unos a otros, y trabajando juntos para exaltar a Cristo.

En esto Pablo se hace eco de la esencia de Filipenses 1. En otras palabras, aquí afirma lo que también dice allí: si el evangelio es cierto, la vida de ellos debería parecer como si eso fuera cierto. Si han estado unidos con Jesús, esta unidad se debe demostrar en las vidas de los creyentes. Pero como él menciona en Filipenses 1:17, y como da a entender en 1:27, el obstáculo a la unidad cristiana es el interés propio y el orgullo individual. Y a eso se refiere Pablo a continuación: "Nada hagáis por contienda o por vanagloria" (Fil. 2:3).

Nada hagáis por. No importa lo que hagamos, no importa a dónde vayamos, no importa de qué formemos parte, lo que el apóstol dice después de esas tres palabras no puede ser un factor de motivación para los cristianos. Jamás.

La primera motivación prohibida es "contienda" o ambición egoísta. Nada debe hacerse desde un lugar de contienda. ¡Ay de nosotros si estamos pensando: *Bueno, ellos están ganando tal cantidad de dinero, por tanto tengo que ganar esa cantidad de dinero!* ¡Ay de nosotros si estamos pensando: *Ellos tienen este nivel de felicidad, por tanto voy a ser un poco más feliz que ellos. Si viven en una casa grande, voy a tener una aún más grande!* No es simplemente estar en competencia con los demás, por pecaminoso que esto sea. Se trata de vivir como si estuviéramos diciendo: "Aquí voy, ¡mírenme!". Algunas versiones traducen *contienda* como "rivalidad". Lo cual se refiere a vivir como si Cristo no hubiera ajustado cuentas; como si no se nos hubiera dado ya la victoria en Cristo. Como si no hubiéramos recibido ya las infinitas riquezas del Cristo eterno. Ese tipo de cosas no tienen nada que ver con nuestra salvación. No hagamos nada motivados por ese tipo de sentimientos.

Lo que sigue a continuación es algo parecido pero ligeramente distinto: no hacer nada por vanagloria. Por tanto, si la contienda piensa: *Tengo que superarlos,* la vanagloria es como ser un mal perdedor cuando no se alcanza lo que se busca. La vanagloria tiene que ver con apariencias y con salvar el prestigio. Es como si fuéramos pretenciosos, como si tuviéramos un orgullo que vinculara nuestros sentimientos a nuestra imagen. Por tanto, pregunto: ¿Te comparas con otros y te amargas cuando crees que no das la talla? ¿Lidias con envidia, celos, ira o malicia porque sigues viendo los éxitos o las alegrías de otros y los comparas con tus fracasos (percibidos o reales)? ¿Te encuentras a veces despreciando a otras personas?

¿Te has sentido feliz cuando alguien "recibe su merecido"? Existe una aterradora palabra alemana para eso: *schadenfreude*. Básicamente significa complacerse cuando algo malo le ocurre a alguien más. Este sentimiento motiva tu risa cuando observas individuos que se golpean en las entrepiernas en el programa *America's Funniest Home Videos* [Los vídeos caseros más divertidos de EE. UU.]. Pero es la obra de un corazón lleno de odio en la vida real cuando nos alegramos de manera perversa al ver a nuestro prójimo caerse de bruces. Justificamos y ocultamos nuestro odio razonando que tales fracasos son lo que las otras personas merecen, o que son algo bueno para su humildad. No obstante, *Schadenfreude* es algo malo para nosotros. Aquí hay arrogancia. Tiene que ver con ser vanidosos. Tiene que ver con ponerse por los aires porque nos hemos colocado en el trono. Nos convertimos en árbitros respecto a quién es digno y quién no lo es.

No hagas nada entonces por ambición egoísta o vanidad. Desobedecer este mandamiento es idolatría personal. En vez de eso, "con humildad… cada uno [debe estimar] a los demás como superiores a él mismo" (Fil. 2:3).

Si no crees que eso sea algo difícil, no creo que seas humano. O quizás nunca te hayas hecho ninguna introspección, ni hayas mirado tu propio corazón. Y, para asegurarse de que no haya malinterpretación, Pablo repite en el versículo cuatro: "No mirando cada uno por lo suyo propio, sino cada cual también por lo de los otros".

Bueno, estos dos comportamientos (considerar a los demás como más importantes, y no mirar solamente nuestros propios intereses) no surgirán de un corazón orgulloso o de un caminar diario afincado en la arrogancia. Finalmente, la ambición egoísta y la vanagloria provienen de creencias idolátricas de que se nos debe más de lo que hemos recibido, y de que somos dignos de más honra de la que estamos obteniendo.

Esta convicción egoísta es el verdadero pecado detrás de todos los demás pecados. Fue el pecado *original.* Cuando la serpiente tentó a Adán y Eva, definitivamente lo hizo con autoexaltación: "Seréis como Dios", dijo. Y a cada momento en que actuamos por contención y vanagloria, cada vez que nos creemos mejores que los demás o que solo miramos nuestros intereses, en esencia estamos diciendo: "Soy Dios".

Como ya dije, la dinámica de la gloria de Dios y la pequeñez del hombre es tan prevalente en las Escrituras que, si exprimiéramos la Biblia, estos temas serían la mayor parte de lo que obtendríamos. Vemos un ejemplo en el Magníficat de María en Lucas 1. Un ángel aparece y le comunica a Elisabet que ella va a tener un bebé. Elisabet es vieja, demasiado vieja, imagina ella, como para tener un bebé. Sin embargo, descubre que está embarazada. Entonces, el ángel se le aparece un par de meses después a María y le dice que ella va a dar a luz a Jesús, el Hijo de Dios. María piensa: *¿Cómo es posible eso? Soy virgen.* El ángel le dice que el Espíritu Santo concebiría al niño en el vientre de la joven. Por tanto, pasado el tiempo, la joven va a visitar a Elisabet. Y es en el diálogo entre estas dos asombradas mujeres que obtenemos algunos de los fragmentos más profundos de literatura en nuestro texto sagrado.

> En aquellos días, levantándose María, fue de prisa a la montaña, a una ciudad de Judá; y entró en casa de Zacarías, y saludó a Elisabet. Y aconteció que cuando oyó Elisabet la salutación de María, la criatura saltó en su vientre; y Elisabet fue llena del Espíritu Santo, y exclamó a gran voz, y dijo: Bendita tú entre las mujeres, y bendito el fruto de tu vientre. ¿Por qué se me concede esto a mí, que la madre de mi Señor venga a mí? (Lc. 1:39-43).

En primer lugar, ¿observaste que Elisabet llama "Señor" al bebé que se está gestando en el vientre de María? ¡Ella está adorando al futuro niño que María tiene en su matriz! Qué increíble fe, y qué poderoso apoyo bíblico tanto para la encarnación como para la identidad del bebé en gestación. Sigamos leyendo cómo Elisabet continúa regocijándose:

> Porque tan pronto como llegó la voz de tu salutación a mis oídos, la criatura saltó de alegría en mi vientre. Y bienaventurada la que creyó, porque se cumplirá lo que le fue dicho de parte del Señor (Lc. 1:44-45).

Lo que sucede en el vientre de María es tan esencial para el cumplimiento de la profecía, para el futuro de la humanidad (*en realidad para el futuro del universo*), ¡que llevó a Juan el Bautista a adorar dentro del útero! Antes de ahondar en la respuesta de

María, y para que todo esto tenga mejor sentido, meditemos por un momento en la altura y profundidad de este extraordinario instante.

En los últimos diez años he tenido la oportunidad de viajar bastante al extranjero. Algo muy raro me ocurre cada vez que dejo a mi esposa y a mis hijos para ir al otro lado del mundo; cuando levanto el teléfono y quiero hablar con Lauren, recuerdo entonces que, aunque son las tres de la tarde donde me encuentro, ocurre que son las cuatro de la mañana donde ella está. Mientras estoy en mi casa en Dallas casi nunca soy consciente de cuán grande, de cuán enorme es el mundo. Simplemente no soy consciente, pues esto no lo asimila mi mente. Mientras estoy durmiendo hay todo un lado del planeta que se halla a la luz del día. Sencillamente, no pienso en lo grande y voluminoso del mundo. Pero si voy a Asia y experimento algo agradable, de inmediato quiero levantar el teléfono y llamar a mi esposa para contárselo… y entonces me doy cuenta de que no puedo hacerlo porque son las cuatro de la mañana. Como ya sabes, la relación que tenemos con nuestros cónyuges es un poco diferente a la que tenemos con los demás. A mi esposa no le importa nada, hasta que salga el sol. ¡Ni siquiera le importaría si yo resucitara a alguien de entre los muertos! Si la despertara por teléfono para contárselo, ella diría algo como: "¿Podrías explicarme eso por la mañana?". Por tanto, debo esperar para llamarla. Y, en ese momento, soy consciente de lo enorme que es el planeta Tierra.

Si reflexiono sobre este tema, y voy más allá del hecho de que ahora mismo, en este preciso momento, hay millones de personas que están riendo, me doy cuenta de que otras están llorando. De que muchas más se hallan en las cumbres del gozo emocional y otras en las profundidades del dolor emocional. Yendo más allá, hay personas ahora mismo lanzando su último aliento, mientras al mismo tiempo alguien está dando a luz su primer hijo. Mientras en ese mismo instante alguien está cenando, alguien al mismo tiempo está desayunando... el tema es alucinante. El mundo es enorme. Y si profundizamos más *ese* entendimiento y consideramos nuestra relación con el universo, podemos preguntarnos: ¿Comprendemos que ahora mismo hay un planeta a cientos de millones de años luz de aquí que existe bajo el control y poder soberano de Dios? Bueno, entonces empezamos a entender un poco lo que David le dijo a Dios:

> Cuando veo tus cielos, obra de tus dedos, la luna
> y las estrellas que tú formaste, digo: ¿Qué es el
> hombre, para que tengas de él memoria, y el hijo
> del hombre, para que lo visites? (Sal. 8:3-4).

Este maravilloso asombro, este desconcierto mental es lo que sale de María en su encuentro con Elisabet. Dios está conformando el auge de la historia humana a través del fruto en el vientre de María: creación, caída, redención, consumación. Todo eso se pone en marcha en el Hijo de Dios, en el bebé que se gesta en el útero de María. ¿Cómo decide Dios llegar a encarnar y entrar en el reino, destronar al diablo, vencer al pecado, y restaurar todas las cosas? Lo decide entrando en una parte recóndita del mundo, alterando las vidas de una anciana y una virgen adolescente, ninguna de las cuales debía estar embarazada. Y de esta desconcertante yuxtaposición de la gloria de Dios y la pequeñez del hombre brota la siguiente oración poética:

> Engrandece mi alma al Señor; y mi espíritu se regocija en Dios mi Salvador. Porque ha mirado la bajeza de su sierva; pues he aquí, desde ahora me dirán bienaventurada todas las generaciones. Porque me ha hecho grandes cosas el Poderoso; Santo es su nombre, y su misericordia es de generación en generación a los que le temen. Hizo proezas con su brazo; esparció a los soberbios en el pensamiento de sus corazones. Quitó de los tronos a los poderosos, y exaltó a los humildes. A los hambrientos colmó de bienes, y a los ricos envió vacíos. Socorrió a Israel su siervo, acordándose de la misericordia de la cual habló a nuestros padres, para con Abraham y su descendencia para siempre (Lc. 1:46-55).

Este cántico de alabanza no es un simple ejercicio intelectual. Surge de las profundidades del alma de María. Ella nos dice eso en la misma primera línea. Así que hay profunda sabiduría en el cántico que revela cómo Dios trata a quienes le temen. En primer lugar, ellos ven su sitio a la luz de la gloria divina. El temor reverente es profundamente humilde. Pero María también nos dice algo más, algo que vemos que Pablo va a abordar en Filipenses 2.

EL TEMOR REVERENTE RECIBE MISERICORDIA

María canta: "Su misericordia es de generación en generación a los que le temen" (Lc. 1:50). ¿Cómo trata Dios a los humildes que le temen? *Con misericordia.*

Las Escrituras afirman aquí que Dios tiene misericordia de quienes le reverencian, de quienes en la presencia divina dan un paso un poco más cautelosamente, que incluso podrían estar un poco nerviosos. No solamente María confirma esto. Zaqueo era un hombre muy pequeño, ¿no es así? Tan pequeñito era que trepó a un sicómoro porque al Señor deseaba ver. (Eso es muy pegajoso; deberíamos cantarlo).

Zaqueo era un recaudador de impuestos, lo que significaba que recolectaba dinero para una fuerza romana de ocupación que había violado, asesinado y masacrado por miles a hombres, mujeres y niños. Por eso es que muchos judíos se enfurecen cuando Jesús se relaciona con recaudadores de impuestos. Luego, este infeliz y sinvergüenza ser humano, Zaqueo, trata de echarle un vistazo a Jesús. Pero no desea llamar la atención, lo cual es exactamente lo que no pasa cuando trepamos a un árbol para mirar a alguien. Sin embargo, ¿qué hace Jesús? Lo divisa, lo llama, se hace invitar a la casa del hombre y, para el final de la cena, anuncia: "Hoy ha venido la salvación a esta casa" (Lc. 19:9).

Misericordia se le ofrece al recaudador de impuestos Zaqueo. ¿Por qué? Porque temió a Jesús. Tuvo respeto por el León de Judá.

Piensa en la mujer cananea que, rogándole que libere de opresión demoníaca a su hija, se acerca a Jesús (Mt. 15:21-28). Lo que Jesús contesta es muy desafiante; incluso parece *agresivo*.

—Estoy aquí para los judíos, no para los gentiles. ¿Por qué he de arrojar comida a los perros?

Sin embargo, ¿qué respondió la mujer?

—Sí, Señor, pero hasta los perros comen las migajas que caen al suelo (vv. 23-27, paráfrasis del autor).

Eso es reverencia *llena* de humildad. "Sí, Señor, tan solo dame las migajas. Eso es todo lo que quiero". ¿Qué hace Jesús? Sana de inmediato a la hija de la mujer, declarando:

—Oh mujer, grande es tu fe; hágase contigo como quieres (v. 28).

¡Hay misericordia para quienes temen al Señor!

Un día, mientras Jesús iba de camino, una multitud empieza a acosarlo. Una mujer con un trastorno hemorrágico simplemente extiende la mano y le agarra el borde del manto. No se considera digna de hablarle a Jesús y, de alguna manera, le asusta lo que podría ocurrir si se le acerca directamente. Jesús siente que de su cuerpo sale poder, así que se detiene.

—¿Quién me tocó? —pregunta.

La mujer se presenta, temblando:

—Yo (Mr. 5:30, paráfrasis del autor).

—Hija, tu fe te ha hecho salva; ve en paz, y queda sana de tu azote —le dice Jesús (v. 34).

Hay misericordia para quienes le temen.

Quizás el ejemplo más claro es el ladrón arrepentido que cuelga en su propia cruz al lado de Jesús. El Señor está recibiendo burlas y escupitajos, y es escarnecido incluso por uno de los hombres condenados que cuelga a su lado. Pero el otro ladrón crucificado, que ha experimentado un extraordinario cambio de corazón durante su tortura y proximidad a Jesús, reprende a su compatriota: "¿Ni aun temes tú a Dios, estando en la misma condenación? Nosotros, a la verdad, justamente padecemos, porque recibimos lo que merecieron nuestros hechos; mas éste ningún mal hizo" (Lc. 23:40-41). El hombre le pide a Jesús que lo recuerde cuando venga en su reino.

El Señor contesta: "Hoy estarás conmigo en el paraíso" (v. 43).

El ladrón no ha tenido oportunidad de expiar sus pecados, ni la ocasión de hacer suficientes buenas obras para compensar sus malas obras. En realidad, aunque tuviera un millón de vidas para hacer eso, no sería suficiente. ¿Qué tiene para ofrecerle a Jesús? Temor, reverencia, respeto, adoración. Y la gracia de Dios lo salva. Dios tiene misericordia de quien le teme.

A medida que Pablo desarrolla sus ideas sobre la vida digna en los versículos iniciales de Filipenses 2, está claro que Dios brinda incalculables bendiciones a los humildes y obedientes (vv. 8-11). Esto lo hace comenzando con el propio Hijo de Dios, quien no tuvo pecado del cual arrepentirse y que, sin embargo, se sometió a la voluntad del Padre en reverencia y se despojó de sí mismo. Quienes temen a Cristo reciben la misericordia de salvación precisamente debido a que la perfecta sumisión de Cristo al Padre se les atribuye a ellos.

EL TEMOR REVERENTE RECIBE EXALTACIÓN

El temor reverente a Dios que nos humilla y nos hace recibir misericordia no nos mantiene en un estado nervioso o tímido. En este tipo de temor hay verdadero poder y verdaderos motivos de confianza eterna. Al seguir reflexionando en el Magníficat de María, observa cómo ella hace la transición de la misericordia a la fortaleza:

> Hizo proezas con su brazo; esparció a los soberbios en el pensamiento de sus corazones. Quitó de los tronos a los poderosos, y exaltó a los humildes (Lc. 1:51-52).

En el próximo capítulo veremos cómo Dios dispersa a los orgullosos, pero por ahora gloriémonos en la exaltación humilde y misericordiosa que hay en el evangelio de Jesucristo. Él "exaltó a los humildes": esta es otra verdad que se repite en la Biblia. Considera los siguientes versículos:

> El que se enaltece será humillado, y el que se humilla será enaltecido (Mt. 23:12).

> Cualquiera que se enaltece, será humillado; y el que se humilla será enaltecido (Lc. 18:14).

> Humillaos delante del Señor, y él os exaltará (Stg. 4:10).

> Humillaos, pues, bajo la poderosa mano de
> Dios, para que él os exalte cuando fuere tiempo
> (1 P. 5:6).

En realidad no es común en la Biblia que Dios exalte a un individuo fuerte, capaz y brillante en alguna manera significativamente perdurable. En cambio, prefiere usar personas comunes y corrientes. El modo en que Dios parece actuar es este: "Encontraré al desgraciado más desconocido que pueda y lo llenaré de mi poder". Cuando Samuel fue enviado ante Isaí para ungir como rey a uno de sus hijos, Isaí hizo formar a todos sus hijos frente al profeta. Todos menos uno. Ni siquiera pensó en llamar a su hijo David. ¿Por qué? Porque David estaba tocando el arpa en alguna parte, y cuando piensas en un "rey guerrero", no piensas en un "tipo en un campo, tocando un arpa". Pero, en última instancia, trajeron a David y es ungido como rey.

¿Recuerdas quién era rey en esa época? Saúl. ¿Sabes lo que la Biblia dice respecto a Saúl? El hombre es treinta centímetros más alto que todos los demás en Israel. Es el mejor cazador y el mejor guerrero de la nación. Pero Dios quiere al hombre que toca el arpa en el campo. Él exalta a los de origen humilde.

Considera también a Moisés. Él tiene algunos aspectos a su favor, pero también es tartamudo y asesino. Sin embargo, Dios lo unge y le da poder para ser el líder de los hijos de Israel.

Tal vez el ejemplo que más me gusta es el de Pedro. Me encanta observar a Pedro a lo largo del Nuevo Testamento. El hecho de que este hombre exista infunde siempre esperanza a mi vida, porque Pedro es un individuo al que no se le puede llegar a entender, ni siquiera después que el Espíritu Santo lo llena. Incluso después que la Iglesia nace y empieza a crecer, Pablo lo reprende debido a la hipocresía que Pedro muestra acerca de los gentiles cuando los judíos llegan a comer.

Creo que si Jesús hubiera tratado de reunir un equipo de ensueño de los mejores y más brillantes, nunca habría elegido a Pedro para el equipo misionero. Este discípulo tiende a ser impulsivo, habla sin pensar y, en general, parece lento para entender, tanto intelectual como espiritualmente. Pero Pedro es el zopenco sobre quien Jesús dice que va a levantar su Iglesia (Mt. 16:18).

Este tipo que continuamente está fallándole a Cristo, que constantemente se equivoca, en última instancia es exaltado y usado como un apóstol y misionero a los judíos. Fue al cielo después de ser crucificado y algún día recibirá un cuerpo glorificado. A pesar de sus pecados, su fiel y reverente temor lo ha acreditado como justo.

¿A qué se parece la exaltación de los humildes? El Magníficat completa algunos detalles:

> A los hambrientos colmó de bienes, y a los ricos envió vacíos. Socorrió a Israel su siervo, acordándose de la misericordia de la cual habló a nuestros padres, para con Abraham y su descendencia para siempre (Lc. 1:53-55).

La fortalecedora exaltación recibida por los piadosos y temerosos consiste esencialmente en tres aspectos: *recursos, redención* y *relación*.

Me encanta la promesa de que Dios saciará el hambre con cosas buenas. No solo con alimento, desde luego, sino con abundantes bendiciones y recursos. Al ser salvos recibimos el tesoro más grande que existe, Cristo, quien es digno de que lo perdamos todo por Él. Pero las matemáticas espirituales son divertidas: "El que no escatimó ni a su propio Hijo, sino que lo entregó por todos nosotros, ¿cómo no nos dará también con él todas las cosas?" (Ro. 8:32). Además, consideremos Mateo 6:33: "Mas buscad primeramente el reino de Dios y su justicia, y todas estas cosas os serán añadidas". Todo aquel que llega a Cristo con reverente humildad y temor recibirá infinita satisfacción y bendición tras bendición. Juan afirma que en la plenitud de Dios tenemos "gracia sobre gracia" (Jn. 1:16).

Sin embargo, no solamente recibimos los recursos de los infinitos dones de gracia en Cristo, sino también redención eterna. María canta: "Socorrió a Israel su siervo, acordándose de la misericordia" (Lc. 1:54). ¡Sí! En primer lugar y como lo más importante nos ayudó al perdonar nuestros pecados y socorrernos del pecado y la muerte. Sin embargo, nos ayuda también al darnos su Espíritu, nuestro Consolador y Consejero, que obra a través de nosotros y nos lleva a la verdad. El Espíritu es nuestra garantía de exaltación (2 Co. 1:22; 5:5).

Y más que recursos y redención, también recibimos relación. Cuando nos acercamos a Dios a través de Cristo en humildad y pobreza espiritual, confesando nuestra bajeza y comprometidos al arrepentimiento y a confiar como niños, el Padre no nos consigna a una eternidad de caminar de puntillas. En su cántico, María afirma que el Dios que prometió el pacto a nuestro padre

Abraham y a los patriarcas hablará para siempre a los hijos del pacto. El Padre nos reconcilia consigo mismo, nos adopta en amor, y comparte con nosotros el honor de su Hijo, convirtiéndonos en hermanos de Jesús. Debido a esto podemos, igual que el cordero proverbial (y bíblico), yacer con el león. El autor de Hebreos lo manifiesta de este modo: "Acerquémonos, pues, confiadamente al trono de la gracia, para alcanzar misericordia y hallar gracia para el oportuno socorro" (4:16).

Dios podría estar buscando cobardes llorones de toda clase, pero cobardes llorones no es su visión de la familia eterna. Su plan para nosotros está más allá de lo que nos atrevemos a imaginar.

¿A quién exalta Dios? Él exalta a quienes temen su nombre. Exalta a aquellos que se le acercan con reverencia, que se despojan a sí mismos, y que reconocen su desastre espiritual. Y cuando el temor reverente nos humilla, Dios, en su misericordia, nos exaltará.

Es más, Pablo declara que si recibimos la humildad de Cristo, brillaremos aquí en el mundo de hoy y seremos llenos con la piadosa clase de orgullo en el mundo venidero (Fil. 2:1-16).

Sin embargo, al considerar el tipo de persona que Dios exalta, no debemos adelantarnos a nuestras naturalezas carnales. Hay algo a lo que debemos morir, y por eso debemos poner mucha atención a cómo Dios trata con los soberbios.

CAPÍTULO CUATRO

LO QUE BUSCAN LOS HUMILDES

Porque todos buscan lo suyo propio,
no lo que es de Cristo Jesús (Fil. 2:21).

En The Village Church, donde soy pastor, uso pantalones vaqueros y casi nunca me pongo la camisa, y ese tipo de atuendo parece ser la norma para la mayor parte de nuestra comunidad en la iglesia. No estamos tratando de hacer ninguna clase de declaración al vestir así. Sencillamente, eso es lo que hacemos; es lo que somos. Cuando de nuestra ropa se trata, somos informales. Pero un año decidí vestirme un poco distinto para nuestra reunión de Navidad. Fui a mi clóset y encontré algunos pantalones de un par de años atrás en los que aún podía caber, y me puse una bonita camisa de vestir. Era de color rojo y tenía un aire navideño. Me vestí así. No puedo decir que me gustara mucho, pero lo hice. Simplemente pensé que me vestiría un poco especial para este culto especial. Entonces fui a la iglesia y prediqué en nuestros servicios de Nochebuena.

El día después de Navidad recibí un correo electrónico de una joven de nuestra congregación, un correo bastante mordaz en que esencialmente decía que yo había cambiado mi forma de ser. Su mensaje equivalía a esto:

> Crecí en una iglesia donde teníamos que usar ropa de vestir todos los domingos. Un hombre debía usar traje. Una mujer debía usar vestido. Todo el enfoque estaba en nuestra apariencia externa, y nos sentíamos juzgados si no dábamos la talla. Era algo muy superficial y legalista. Y este es uno de los aspectos que me ha gustado acerca de asistir a The Village: somos libres de vestirnos de forma informal, y no tratamos de superarnos unos a otros en el vestir. Sin embargo, Matt, en Nochebuena fuiste otro.

Ella dijo que yo había cambiado porque usé bonitos pantalones y una camisa roja de vestir. ¿Podemos ser sinceros en cuanto a lo que sucedió aquí? Lo único que esta mujer hizo fue cambiar el código de vestimenta. Eso es todo. Ella pasó de rechazar la idea de que si amabas al Señor tendrías que usar traje, a aceptar la idea de que si amabas al Señor no lo usarías. En realidad terminó diciendo lo mismo que la iglesia de su infancia le dijo cuando era joven, solo que respecto de un estilo diferente de vestir.

La realidad detrás de la irritación de esta mujer fue que sus padres hiperreligiosos y legalistas le habían herido el corazón y, en vez de tratar con esa herida, ella empezó a arremeter contra lo que percibió como el enemigo. Ese es solo un ejemplo en cuanto a casos más graves. Nos preguntamos qué hacer con algo así en una situación matrimonial en que un cónyuge dice: "Esto no funciona. Creo que debemos conseguir ayuda. Creo que debemos recibir consejo. Creo que debemos ver a alguien en la iglesia", y el otro cónyuge responde algo como: "No, estamos muy bien. Estaremos bien. Lo haré mejor. Resolveremos el asunto".

En ambos casos hay una realidad mental y emocional en acción detrás de las palabras y las posturas. Básicamente es orgullo. El orgullo dice: "Lo tengo todo resuelto. Cuento con esto". Se trata de una declaración de independencia, lealtad personal y conocimiento especial, de la clase que crees que obtienes el fruto prohibido. Este fenómeno es a lo que María se refiere en el Magníficat cuando dice que Dios "esparció a los soberbios en el pensamiento de sus corazones" (Lc. 1:51).

Estar encerrados en la prisión de nuestros propios corazones orgullosos… qué idea aterradora. Esta palabra *pensamiento* en el griego representa más el sentido de *imaginación*. Dios esparció a los soberbios en la *imaginación* de sus corazones. Las palabras de María presagian lo que Pablo escribe en Romanos 1:21-24:

> Pues habiendo conocido a Dios, no le glorificaron como a Dios, ni le dieron gracias, sino que se envanecieron en sus razonamientos, y su necio corazón fue entenebrecido. Profesando ser sabios, se hicieron necios, y cambiaron la gloria del Dios incorruptible en semejanza de imagen de hombre corruptible, de aves, de cuadrúpedos

y de reptiles. Por lo cual también Dios los entregó a la inmundicia.

Si estudias en serio las Escrituras, descubrirás que, fuera de la
idea del infierno, no hay idea más aterradora en la Biblia que la
que tiene que ver con que Dios te libere para que te desenvuel-
vas en la imaginación de tu propio corazón.

Uno de los problemas peligrosos de estar atrapados en la
imaginación de nuestros corazones es que, en realidad, nunca podremos tratar con el pecado en nuestras vidas porque
siempre hallamos el origen de las dificultades en otras personas, en vez de buscar el verdadero problema en lo profundo
de nosotros mismos. Así que lo que termina sucediendo es
que empezamos a culpar a otros, a justificarnos, y a vivir
esta vida realmente extraña con esta larga y aburrida historia acerca de cómo todo el mundo nos ha perjudicado. Nos
convertimos en mártires. Y todo el tiempo somos incapaces
de reconocer nuestra propia culpa en nuestro pecado, o nuestra propia responsabilidad para amar, perdonar y luchar por
estar en paz con todas las personas tanto como sea posible.
Mira, quizás seas el primer ser humano legítimamente traicionado por toda la gente que has conocido. Es posible. Pero
podría ser que en lo profundo de tu corazón haya algunos
asuntos que debas someter al Señor. Vigila tu corazón, porque es muy fácil para los soberbios perderse en la imaginación de sus corazones.

¿Puedo darte una idea de que tal vez este puedas ser tú? ¿Quizás acabaste de leer esto y de inmediato comenzaste a pensar en

otros que deberían leer estas líneas para que al fin enmienden su conducta? No quiero ser demasiado atrevido aquí (¡oh!, ¿a quién estaría engañando? Sin duda, a mí mismo), pero simplemente diría que si ahora mismo tú estás pensando: ¡Ah, sé quién está atrapado en la imaginación de su corazón!, entonces sí, creo que yo también podría saberlo.

Tú.

Los soberbios no están buscando verdaderamente el camino de Cristo, porque su visión está llena con la película centrada en sí mismos que se proyecta en la pantalla IMAX de sus corazones endurecidos.

CORRER TRAS EL VIENTO

A veces en la iglesia evangélica me pongo nervioso debido al modo en que la Biblia habla de las personas ricas. No porque yo sea rico sino porque les tengo cariño a las personas ricas que vienen a mi iglesia. Pero la Biblia simplemente lo presenta de manera muy fuerte: "Mira, chico acaudalado… de veras que va a ser muy difícil, amigo".

Probablemente las líneas más famosas sean estas:

> De cierto os digo, que difícilmente entrará un rico en el reino de los cielos. Otra vez os digo, que es más fácil pasar un camello por el ojo de una aguja, que entrar un rico en el reino de Dios (Mt. 19:23-24).

La Biblia dice mucho en cuanto a los peligros de las riquezas, por lo que si predicas la Biblia, terminarás predicando un poco sobre los peligros de las riquezas, y todo el tiempo siento que las personas a las que les va bien siempre salen huyendo de la iglesia. ¿Sabes? Tal vez están subiendo a sus Mercedes Benz o lo que sea y se sienten avergonzados, pensando: *Siento mucho poseer cosas hermosas.* Sin embargo, aunque la Biblia nos advierte acerca de las riquezas, no lo hace porque el dinero sea intrínsecamente malo. En otras palabras, no es pecado ser rico. Creo que la Biblia habla a nuestros corazones. Y las tentaciones para las personas que tienen dinero son peculiares y fuertes. Una vez que has recibido mucho dinero (sea que lo hayas ganado o heredado), se hace muy fácil creer que *mereces* ese dinero. Y una vez que entras en la modalidad de tener derecho, no necesitas ningún esfuerzo en absoluto para creer que tienes derecho a *más* de lo que actualmente tienes. Tampoco tiene que haber dinero de por medio; podría tratarse de poder, respeto o cualquier otra cosa hacia la cual sentimos tener derecho. Y la razón de que los ricos anden vacíos es que *no pueden encontrar satisfacción en* aquello en que buscan satisfacción.

En Eclesiastés hallamos el concepto de correr tras el viento (o "aflicción de espíritu", 1:14). Salomón escribe cosas como: "Hice fiestas tan grandes que teníamos que matar, ¿sabes qué?, cerca de mil reses simplemente para alimentar a todos. Hice fiestas tan grandes que necesitábamos miles de barriles de vino. ¿Y sabes qué? Todo eso era vanidad. No tenía ningún sentido. Planté bosques y jardines, construí casas y templos... y no podrías ser más próspero que yo en los negocios. ¿Sabes cómo terminó todo? En vanidad.

Nada tenía sentido. Recibí masajes todos los días. Tuve el mejor cocinero. Tuve muchas esposas y un montón de concubinas. Tuve más éxito en cada aspecto de la vida del que alguna vez tendrás. ¿Sabes cómo termina eso? En vanidad, vanidad, todo es vanidad".

Los ricos muy a menudo se quedan con las manos vacías porque muchos de ellos constantemente quieren más de lo que nunca los llenará. Puesto que están libres para actuar en la imaginación de sus corazones llenos de soberbia, su única opción es mantenerse corriendo. *Corriendo.* Corriendo y corriendo. Porque eso es como correr tras el viento.

El profeta Isaías declara: "¿Por qué gastáis el dinero en lo que no es pan, y vuestro trabajo en lo que no sacia?" (Is. 55:2). Con frecuencia decimos cosas como estas:

- Si logro conseguir este empleo, mi vida será perfecta.
- Si consigo un novio, una novia, un esposo o una esposa, él o ella me completará.
- Si logro ganar más dinero, la vida será mucho mejor.
- Si logro conseguir este teléfono celular, mi vida será mejor.

Al conseguir lo que deseamos, descubrimos que el objetivo cambió. Nos visualizamos llegando a un estado particular de contentamiento solo para darnos cuenta de que aquel estado está constantemente fuera de nuestro alcance. Que es un espejismo, como un oasis en el desierto. Que corremos tras el viento.

Sin embargo, lo que es peor que ser liberado para correr sin fin en la cinta de los deseos de nuestros corazones orgullosos es esto: Dios se opone a los soberbios. Si estás corriendo tras el viento, Dios está rotundamente *contra* ti.

Esto lo vemos en toda la Biblia:

- Proverbios 6:16-17 declara que Dios odia "los ojos altivos".
- En Proverbios 8:13, Dios afirma: "La soberbia y la arrogancia… aborrezco".
- Proverbios 16:5 formula: "Abominación es a Jehová todo altivo de corazón; ciertamente no quedará impune".
- Santiago 4:6 manifiesta que "Dios resiste a los soberbios".

¿Captas la idea? Si estás haciendo cosas a las que Pablo llama contienda y vanagloria, Dios declara: "Eres mi enemigo".

"Sin embargo", Dios le dice al humilde de corazón, "estoy contigo. Y estoy *por* ti".

Oír la palabra de Dios en este asunto es importante, y creo que es necesario el examen diario de cada corazón. ¿Confías en Dios? ¿Lo honras? ¿Le temes de veras? Con mayor profundidad yo preguntaría: ¿puedes caminar en bendición y humildad en medio de grandes dificultades o sufrimientos?

¿Puedes estar enfermo y aun así alabar el nombre de Dios? ¿Puedes perder todo tu dinero y sin embargo alabar su nombre? ¿Puedes perder a un ser amado y a pesar de eso alabar el nombre del Señor?

Esta es la pregunta: ¿Estás usando a Dios para conseguir algo de Él, o es Dios mismo el objetivo de tu esfuerzo?

EN BUSCA DE LA CRUZ

De vuelta a Filipenses 2:3-4, consideremos otra vez las instrucciones de Pablo:

> Nada hagáis por contienda o por vanagloria; antes bien con humildad, estimando cada uno a los demás como superiores a él mismo; no mirando cada uno por lo suyo propio, sino cada cual también por lo de los otros.

Algunas versiones traducen "lo suyo propio" como *intereses,* pero la palabra en realidad no se halla en el texto griego. Se trata de un término de relleno. Existe una apertura implícita en esa línea: "No mirando cada uno por su _____". Llena el espacio en blanco. Realmente lo que esto quiere decir es: "No mirando cada uno por su trabajo, casa, dinero, familia y amistades, sino también por el trabajo, la casa, el dinero, la familia y las amistades de otros".

No obstante, ¿de dónde viene tal interés que abarca todas las necesidades de otros? ¿Cuál es la base o la motivación de una vida que no está edificada en ambición egoísta y vanagloria sino en el servicio y el sacrificio por otros? Pablo nos lo dice:

> Haya, pues, en vosotros este sentir que hubo también en Cristo Jesús, el cual, siendo en forma de Dios, no estimó el ser igual a Dios como cosa a que aferrarse, sino que se despojó a sí

mismo, tomando forma de siervo, hecho semejante a los hombres; y estando en la condición
de hombre, se humilló a sí mismo, haciéndose
obediente hasta la muerte, y muerte de cruz.
Por lo cual Dios también le exaltó hasta lo
sumo, y le dio un nombre que es sobre todo
nombre, para que en el nombre de Jesús se do-
ble toda rodilla de los que están en los cielos, y
en la tierra, y debajo de la tierra; y toda lengua
confiese que Jesucristo es el Señor, para gloria
de Dios Padre (Fil. 2:5-11).

La base, la motivación de una vida de humildad, es el ejemplo de la vida humilde de Jesucristo y su muerte expiatoria en
la cruz.

La Biblia nos dice que Jesús, quien participó muy activa-
mente en el acto de la Creación, también está involucrado en
el acto de sustentar esta Creación. Colosenses 1:17 enseña: "Él
es antes de todas las cosas, y todas las cosas en él subsisten". Y
Hebreos 1:3 afirma que Jesús es "quien sustenta todas las cosas con la palabra de su poder". Así que sígueme hasta donde
quiero llegar. Cuando los romanos arrestaron a Jesús, lo asie-
ron no solo con las manos que Él mismo creó, sino que en ese
momento también sustentaba. En esencia, el poder que usaron
para agarrarlo viene de Él. Con músculos que Jesús fortalece,
los romanos extendieron las manos y le dieron bofetadas. Para
escupirlo usaron las glándulas que Él hace que produzcan sa-
liva. Con metal que Él creó lo clavaron en un madero al que

dio vida con su palabra. Y Él es capaz de detener todo eso en cualquier momento.

¿Recuerdas cuando Pedro saca la espada y le corta la oreja a uno de los hombres que están arrestando a Jesús? Cristo levanta la oreja y la vuelve a colocar totalmente curada en la cabeza del individuo, y *aun así* este sujeto arresta a Cristo. ¿Qué dice entonces Jesús? "Pedro, guarda la espada, porque quienes viven por la espada mueren por la espada" (Mt. 26:52, paráfrasis del autor). Y continúa: "¿No sabes que en cualquier momento que yo quiera puedo clamar a mi Padre y tendría a mi disposición doce legiones de ángeles? Nadie me está quitando la vida. Yo la estoy entregando" (v. 53, paráfrasis del autor).

¿En qué se basa entonces una vida de humildad? Una vida de humildad se basa en la cruz de Jesucristo, la cual nos dice que Jesús pudo haber elegido no hacer *nada* pero decidió soportarlo *todo*.

Pues bien, mira lo que sucede cuando vivimos de ese modo, cuando somos humildes, cuando consideramos a otros superiores a nosotros mismos:

> Por tanto, amados míos, como siempre habéis obedecido, no como en mi presencia solamente, sino mucho más ahora en mi ausencia, ocupaos en vuestra salvación con temor y temblor, porque Dios es el que en vosotros produce así el querer como el hacer, por su buena voluntad (Fil. 2:12-13).

Pablo reconoce aquí que esto no es natural. Lo que sería natural es mirar por nosotros mismos. Ambición egoísta y vanagloria. Eso sería natural.

El apóstol habla de una negación sin cuartel del yo, de una muerte al ego. Por eso se vuelve hacia la cruz. Y puesto que ninguno de nosotros se vuelve de manera natural hacia la cruz, Pablo nos recuerda el evangelio de la gracia. Dios en su poder nos concede en su gran amor la habilidad sobrenatural de buscar la cruz.

Dios hace esto dándonos primero la mente de Cristo. En Filipenses 2:5, cuando el apóstol dice: "Haya, pues, en vosotros este sentir", no solo está diciendo: "Esfuércense por pensar como Jesús". Nos dice que tengamos su sentir. Esto es parte del regalo del evangelio. Es un acto de gracia. Pablo dice que este sentir lo "hubo también en Cristo Jesús" (v. 5). En otras palabras, tenemos este sentir. Así que usémoslo.

En segundo lugar, Pablo dice a la Iglesia que ejercite su salvación con temor y temblor (2:12), pero no desconecta ese mandato difícil de la misericordia que nos fortalece: "Porque Dios es el que en vosotros produce" (2:13). ¿El pecado que cometemos? Es algo natural. ¿El bien que hacemos por otros? Es sobrenatural. Recordemos siempre el evangelio, y así no olvidaremos que Dios no espera algo de nosotros para lo cual Él no nos conceda tanto el poder de obedecer como el perdón por no hacerlo.

Siempre, siempre, siempre busquemos la cruz. Es allí donde vemos nuestro ejemplo para servir y sacrificarnos por otros. Además, es allí donde recibimos perdón cuando no servimos ni nos sacrificamos por otros.

IR TRAS CRISTO

Como cristianos tú y yo no tenemos la intención de dejar de ir tras el viento e iniciar la búsqueda de la cruz a fin de poder hacer mucho por nosotros mismos. Eso podría llamarse contienda y vanagloria. Hay algunos en la iglesia que son muy buenos para dar la apariencia de humildad y sacrificio, pero lo hacen por egoísmo y por razones de vanagloria. Disfrutan sus reputaciones como siervos más de lo que disfrutan el evangelio. Así que recordemos la oración de Juan el Bautista: "Es necesario que él crezca, pero que yo mengüe" (Jn. 3:30). La búsqueda de la cruz es, en definitiva, una búsqueda de Cristo.

Pablo continúa su advertencia a lo largo de estas líneas:

> Haced todo sin murmuraciones y contiendas, para que seáis irreprensibles y sencillos, hijos de Dios sin mancha en medio de una generación maligna y perversa, en medio de la cual resplandecéis como luminares en el mundo; asidos de la palabra de vida, para que en el día de Cristo yo pueda gloriarme de que no he corrido en vano, ni en vano he trabajado. Y aunque sea derramado en libación sobre el sacrificio y servicio de vuestra fe, me gozo y regocijo con todos vosotros. Y asimismo gozaos y regocijaos también vosotros conmigo (Fil. 2:14-18).

¿No está Pablo considerándolos mejores que él mismo? Por supuesto que sí. Él está dispuesto a ser derramado como sacrificio si esto aumenta la fe de la iglesia en Filipos. En realidad se "goza" en sacrificarse de este modo. ¿Para qué? ¿A fin de que crean que Pablo es grandioso? No, aunque desde luego que lo harán. *Lo hace para que sepan que Cristo es grande.*

Pablo nos ofrece dos ejemplos más de búsqueda de Cristo a través de la humildad y el sacrificio. He aquí el primero:

> Espero en el Señor Jesús enviaros pronto a Timoteo, para que yo también esté de buen ánimo al saber de vuestro estado; pues a ninguno tengo del mismo ánimo, y que tan sinceramente se interese por vosotros. Porque todos buscan lo suyo propio, no lo que es de Cristo Jesús. Pero ya conocéis los méritos de él, que como hijo a padre ha servido conmigo en el evangelio. Así que a éste espero enviaros, luego que yo vea cómo van mis asuntos; y confío en el Señor que yo también iré pronto a vosotros (Fil. 2:19-24).

Timoteo es uno de los ejemplos de Pablo en cuanto a verdadera preocupación por el bienestar y el crecimiento espiritual de los filipenses. Por su parte, Timoteo está dispuesto a dejar a su padre en la fe para ir a Filipos, y así poder llevar de regreso buenas noticias que alegrarán el corazón de Pablo. Aquí hay dos aspectos en acción: el profundo y permanente amor de Timoteo por Pablo debido a la cruz de Cristo, y profunda y verdadera preocupación de Timoteo por la iglesia en Filipos, también debido a la cruz de Cristo.

Timoteo es un hombre desinteresado; pero he aquí otro ejemplo de alguien más:

> Mas tuve por necesario enviaros a Epafrodito, mi hermano y colaborador y compañero de milicia, vuestro mensajero, y ministrador de mis necesidades; porque él tenía gran deseo de veros a todos vosotros, y gravemente se angustió porque habíais oído que había enfermado. Pues en verdad estuvo enfermo, a punto de morir; pero Dios tuvo misericordia de él, y no solamente de él, sino también de mí, para que yo no tuviese tristeza sobre tristeza. Así que le envío con mayor solicitud, para que al verle de nuevo, os gocéis, y yo esté con menos tristeza. Recibidle, pues, en el Señor, con todo gozo, y tened en estima a los que son como él; porque por la obra de Cristo estuvo próximo a la muerte, exponiendo su vida para suplir lo que faltaba en vuestro servicio por mí (Fil. 2:25-30).

Epafrodito considera que su vida es secundaria a fin de que Pablo se anime y la iglesia en Filipos crezca en una fe madura. ¿Por qué? "Por la obra de Cristo". Él, al igual que Timoteo, tiene la mente de Cristo. Ambos la reciben a través de la unión con Cristo. Ellos arriesgan sus vidas, sabiendo que Pablo ha arriesgado la suya, porque saben que en última instancia están totalmente seguros en Jesús. Si este servicio y sacrificio hacen ver grande a Jesús, si cumplen los propósitos de Jesús, si comunican a Jesús a la Iglesia y al mundo, estos hombres se darán por entero a la causa.

Ahora intentemos hacer algo práctico al respecto. He aquí una buena prueba de fuego. En tu mundo, ¿tienen alma las personas? Sé que parece una pregunta simple, pero permíteme ponerla en contexto. Cuando te sientas en un restaurante como creyente en Cristo, y una joven o un joven te atienden, ¿piensas que él o ella tienen alma? ¿Que son criaturas espirituales? ¿O cavilas: *Simplemente dame mi bebida, toma mi pedido y apúrate*? ¿Reconoces la imagen de Dios en esa persona? ¿Eres capaz de animar, amar y servir a quienes te sirven, incluso en una situación tan sencilla como esa?

¿Y qué tal en la comunidad de la fe?

La primera vez que llegué a The Village Church sucedía algo extraño en el estacionamiento. El sitio estaba construido de manera rara; cuando llovía, el extremo del estacionamiento se inundaba. Prácticamente después de la lluvia quedaban allí entre diez y quince centímetros de agua estancada. Cuando esto sucedía, Michael Bleecker, quien es uno de los líderes de adoración en nuestra iglesia, estacionaba su auto exactamente en medio de este pequeño lago. Era imposible saltar el charco. La única manera de salir del auto era caminar en medio del agua. Bleecker se bajaba del vehículo cargando la guitarra y la mochila, y caminaba por entre diez a quince centímetros de agua, empapándose los zapatos. ¿Sabes por qué lo hacía? Para que nadie más tuviera que hacerlo.

La iglesia The Village está en Dallas, Texas. He aquí lo que eso significa: que diez meses del año la temperatura es de sesenta grados centígrados. Realmente no. *Algo menos.* Debemos tener cuidado con combustiones espontáneas en ese estacionamiento. Tal vez la labor más difícil en The Village es trabajar en el equipo de estacionamiento. Cada fin de semana intentamos que miles de personas entren y salgan de nuestros estacionamientos. Somos una iglesia joven, por lo que la relación de persona a auto no está a nuestro favor. El asunto simplemente es una gran pesadilla logística. Así que no solo que el equipo de estacionamiento está en un clima de sesenta y cuatro grados centígrados, sino que las personas suelen enojarse con quienes ayudan allí, y a nuestro personal le han dicho que están en un estacionamiento "de lujo" (si sabes lo que quiero decir). Les hacen caso omiso a estos voluntarios. A veces les gruñen. Ese puede ser un trabajo deprimente. Sin embargo, uno de nuestros pastores principales sirve en ese equipo de estacionamiento.

¡No tuvimos que aplicar una regla que dijera que él tenía que hacerlo! ¿Por qué entonces? ¿Por qué hace eso? Lo hace por servir a Cristo y a las personas en The Village.

Esos son solo dos ejemplos sencillos, sin duda cosas fáciles comparadas con arriesgar la vida en el campo misionero u honrar a Cristo en el lugar de trabajo, pero hablan de lo que intentamos explicar aunque estemos tratando de parecer religiosos.

¿Y qué hay de ti? ¿Enfocas tu comunidad de fe con una actitud de corazón que expresa: "Cómo puedo servir? ¿Cómo puedo sacrificarme?".

Debemos proteger nuestros corazones y pedir que el Espíritu nos ayude para que la iglesia no se convierta en un desastre consumista. No podemos darnos el lujo de llegar, pedir nuestro café con menta, sentarnos en un sillón para masajes, e irradiar inalámbricamente versículos bíblicos en nuestras retinas. O algo parecido. Eso no es lo que Dios tiene para nosotros. Puesto que su propósito no es nuestro gozo sino su gloria, se hace necesario poner atención a las Escrituras respecto a esta materia.

Si no ponemos atención, debilitaremos la realidad de que la iglesia realmente es un grupo de personas que muestran la imagen de Cristo.

Unos a otros y al mundo.

El mensaje de Pablo a la iglesia en Filipos debería ser un gran antídoto contra la inclinación de andar pavoneándonos. En lugar de eso, tomemos nuestras cruces, y, en ese momento, brillaremos como estrellas en una generación maligna y perversa. Recuerda que estamos hablando de madurez y que debemos poner atención a nuestros corazones a medida que leemos. ¿Ha revelado este capítulo algún "retraso de desarrollo" en tu crecimiento como seguidor de Cristo? ¿Hay actitudes y acciones que se deban poner al descubierto y de las que debas arrepentirte?

CAPÍTULO CINCO

LA BÚSQUEDA APASIONADA

Pero cuantas cosas eran para mí ganancia, las he estimado
como pérdida por amor de Cristo (Fil. 3:7).

Cuando pienso en los antecedentes de las tres personas que se relacionan en Filipos (Lidia, la muchacha esclava y el carcelero), me parece que cada una a su propia manera era indiferente hacia Dios, e incluso tal vez era hostil hacia Él. Sin embargo, por medio del apóstol Pablo, Dios las lleva hacia el Salvador, abriendo un camino para que sean justificadas sin necesidad de ninguna acción propia. ¿Cuál debe ser nuestra respuesta ante esta realidad? Si realmente hay un Dios creador al que todos hemos ofendido, pero que a pesar de eso *cubrió* dicha ofensa quitándola de nosotros a fin de que tuviéramos el derecho de estar delante de Él, ¿no sería esa la noticia más grande en la historia del universo?

¿Qué tipo de respuesta a esta noticia sería la apropiada?

Creo que tanto la Biblia como la historia de la Iglesia nos ayudan a responder esa pregunta.

Aun, desde el momento de mi conversión, siempre me han atraído principalmente los hombres y las mujeres de la historia que han demostrado un anhelo ardiente por obtener más de Jesús. Nunca me he sentido muy atraído por lo moralizador, aunque concuerdo con que la Biblia nos dice qué hacer y qué no hacer. En vez de eso, siempre me ha fascinado la gracia de Dios, hasta una súplica apasionada por más de Él, para quienes hacen eco del gemido de David en Salmos 63:

> Dios, Dios mío eres tú; de madrugada te busca-
> ré; mi alma tiene sed de ti, mi carne te anhela,
> en tierra seca y árida donde no hay aguas (v. 1).

No se trata de David manifestando: "Quiero ser un mejor hombre", sino de un anhelo que surge de sus profundidades. Si entiendes el sentido de las palabras, en estas líneas hay ímpetu y un anhelo intenso. Con desesperación activa salida del alma, David clama: "Dios, tengo que tenerte". Esta sensación continúa:

> Para ver tu poder y tu gloria, así como te he mi-
> rado en el santuario. Porque mejor es tu miseri-
> cordia que la vida; mis labios te alabarán. Así te
> bendeciré en mi vida; en tu nombre alzaré mis
> manos. Como de meollo y de grosura será sacia-
> da mi alma, y con labios de júbilo te alabará mi
> boca (vv. 2-5).

Dios no es para David el prototipo de algún abuelo distante o alguna idea etérea con la cual bobear intelectualmente. Dios es todo consumidor.

Cuando me acuerde de ti en mi lecho, cuando
medite en ti en las vigilias de la noche. Porque
has sido mi socorro, y así en la sombra de tus
alas me regocijaré. Está mi alma apegada a ti; tu
diestra me ha sostenido (vv. 6-8).

Me gusta el rey David porque me puedo identificar con él.
En los salmos se lo pasa diciendo cosas como esa. Mira otro
ejemplo en Salmos 42. Aunque en una de las páginas de Salmos
podrías encontrar a David clamándole a Dios: "Eres misericordioso, bondadoso y hermoso", literalmente en la siguiente pági-
na podría estar diciendo: "Dios, ¿dónde estás? ¿Por qué me has
abandonado?". De este modo él es en gran medida un tipo con
quien me puedo identificar.

Por esto Juan Calvino llama a los Salmos una anatomía del
alma humana. Este libro sin duda capta nuestro carácter vaci-
lante entre altos y bajos: la total experiencia humana de alegría
y dolor, y de victoria y sufrimiento. Y, en medio de todo esto,
podemos comprobar la soberanía y el amor de Dios tanto con el
alma que rebosa de júbilo como con la que se halla deprimida.

Temo que, en general, el moderno evangelicalismo se haya
vuelto incómodo en este sentido de pasión consumidora por
Dios. Nos gustan las sensaciones en una experiencia de adoración, por supuesto, pero aquello está más en la línea de la
catarsis, una línea de abordaje terapéutico de adoración. David
y los demás personajes bíblicos que escribieron y hablaron de
este modo no estaban buscando experiencias, estaban yendo tras
Dios. Por eso, cuando David dice en Salmos 2:1-2: "Como el

ciervo brama por las corrientes de las aguas, así clama por ti, oh Dios, el alma mía. Mi alma tiene sed de Dios, del Dios vivo", convertimos estas palabras en algo cursi y bonito poniéndolo en una camiseta o en una taza de café debajo de una foto de un ciervo. Pero no se trata de cursilería ni de algo bonito. David está sumido en dolor, razón por la cual grita: "¿Por qué no puedo llegar allí? ¿Por qué no puedo tener más de ti?". Lo vuelve a hacer en Salmos 27:4: "Una cosa he demandado a Jehová, ésta buscaré; que esté yo en la casa de Jehová todos los días de mi vida, para contemplar la hermosura de Jehová, y para inquirir en su templo".

¿Es esta desesperación algo que tipifica a la Iglesia moderna? Al igual que Moisés, ¿clama así la Iglesia de hoy: "¡Quiero verte, Señor! Quiero ver tu gloria" (Éx. 33:18, paráfrasis del autor)? ¿Se podría decir de nuestros cánticos, nuestra predicación, nuestras oraciones, nuestros libros, e incluso nuestros blogs, *tweets* y actualizaciones de Facebook que reflejan un anhelo conmovedor por Dios? Hacia allí es donde Pablo se dirige en Filipenses 3. Nada se compara con el Señor. En realidad, todo lo demás es basura comparado con el bien supremo de tener a Jesús.

EL JUEGO EN QUE SIEMPRE PIERDES

Pablo continúa con el júbilo y la exhortación del capítulo anterior, que concluye poniendo a Timoteo y Epafrodito como ejemplos de sacrificio humilde por la causa del evangelio. Recuerda que el mismo Pablo escribe esto desde la cárcel, sin seguridad de ser liberado ni de ser ejecutado. Él está a punto de advertir a los filipenses, pero observemos acerca de qué les advierte. Sugerencia: no se trata de persecución imperial o sufrimiento.

> Por lo demás, hermanos, gozaos en el Señor. A mí no me es molesto el escribiros las mismas cosas, y para vosotros es seguro. Guardaos de los perros, guardaos de los malos obreros, guardaos de los mutiladores del cuerpo. Porque nosotros somos la circuncisión, los que en espíritu servimos a Dios y nos gloriamos en Cristo Jesús, no teniendo confianza en la carne (Fil. 3:1-3).

Me siento condenado al mismo tiempo que inspirado por la manera en que Pablo, escribiendo en circunstancias tan terribles, manifiesta: "Eh, no hay problema". En lugar de quejarse, les escribe a los filipenses para pedirles que se cuiden de "los perros". ¿Quiénes son los perros? Son los que quieren caracterizar su fe en Cristo por lo que hacen o dejan de hacer. Además, son quienes desean tener una lista de aquellas cosas que hacen bien para poder decir: "No soy tan malo como era en la universidad. No soy tan malo como era cuando me casé por primera vez. No soy tan malo como *tú*". Y pretenden usar cosas así como alguna clase de evidencia de espiritualidad superior, de piedad de mayor calidad, de moralidad irrefutable. En realidad resultan esparcidos en las imaginaciones de sus corazones orgullosos.

Pablo les advierte que tengan cuidado con ese tipo de fe, pues está vacía. Les manifiesta que deben tener cuidado con la clase de maestros y líderes que dicen: "Simplemente préstenme atención debido a las cosas buenas que hago". Y, para demostrar lo vacío de este comportamiento, Pablo pone en la balanza su propio ego.

> Aunque yo tengo también de qué confiar en la carne. Si alguno piensa que tiene de qué confiar en la carne, yo más: circuncidado al octavo día, del linaje de Israel, de la tribu de Benjamín, hebreo de hebreos; en cuanto a la ley, fariseo; en cuanto a celo, perseguidor de la iglesia; en cuanto a la justicia que es en la ley, irreprensible (Fil. 3:4-6).

Ah, ¿*crees* tener motivos para jactarte? Yo tengo más motivos para gloriarme. Nunca he faltado a la escuela dominical. Nunca me he perdido una reunión de adoración del domingo por la mañana. Leo mi Biblia todos los días. He memorizado el Nuevo Testamento. He hablado del evangelio con todos mis vecinos. Nunca he dicho una grosería ni he inventado improperios cristianos como "necio", "tarado" y cosas parecidas. No escucho música secular. Nunca he visto una película para adultos (que no fuera acerca de la crucifixión de Jesús).

Los perros se enfocan en "Hago. No hago. Tengo. Yo nunca". Y miran lo que han hecho. Miran lo que han conseguido.

Lo más fuerte que puede, Pablo está diciendo aquí: "¿A quién le importa? Yo también hice todo eso. En la escala del éxito, ¡soy mejor que *tú*!".

"Pero cuantas cosas eran para mí ganancia, las he estimado como pérdida por amor de Cristo" (Fil. 3:7).

Cualquier bien que venga de algún proyecto de mejoramiento personal no consigue una gota de gracia de parte de Dios, porque nada de ello ni siquiera se acerca a la total perfección de Jesús. Participar en el juego "Soy bueno, soy mejor" es como construir una torre moralista de Babel para alcanzar los cielos de la justicia de Cristo. Tal cosa no funcionará y, al final, solo lleva al desastre y la confusión. Es un juego perdido.

Pero seamos sinceros. Verdadero bien puede venir de nunca perderse la adoración de un domingo por la mañana. Verdadero bien viene de vigilar lo que observamos. Bien puede venir de proteger nuestra vida en estas maneras. Sin embargo, ¿y como un medio o una medida para calcular nuestra justicia? Estas cosas siempre se quedan cortas.

Pablo explica estas razones para que de manera violenta y celosa sigamos a Cristo a todo costo. Porque si obtenemos todos esos logros buenos y moralmente superiores, si limpiamos nuestra vida y nos las arreglamos para de algún modo no volver a luchar, pero no obtenemos a Jesús, estamos totalmente perdidos. En realidad hemos obtenido un montón de nada. Al final, si nos vemos bien, parecemos buenos, y actuamos bien, pero no conocemos a Jesús, ¿qué importa todo eso?

SOLO PARA SER HALLADO EN ÉL

De ahí que Pablo manifieste: "Todo lo que he ganado lo considero como pérdida por el bien de Cristo". En comparación con la ganancia infinita de Jesús, Pablo considera *todo* lo demás permutable, sacrificable y que se puede perder.

> Y ciertamente, aun estimo todas las cosas como pérdida por la excelencia del conocimiento de Cristo Jesús, mi Señor, por amor del cual lo he perdido todo, y lo tengo por basura, para ganar a Cristo, y ser hallado en él, no teniendo mi propia justicia, que es por la ley, sino la que es por la fe de Cristo, la justicia que es de Dios por la fe; a fin de conocerle, y el poder de su resurrección, y la participación de sus padecimientos, llegando a ser semejante a él en su muerte, si en alguna manera llegase a la resurrección de entre los muertos (Fil. 3:8-11).

El apóstol usa la palabra *basura*, que se puede interpretar como inmundicia, estiércol, porquería. Solo esta clase de radicalidad podría acercarse al nivel de excelencia que tiene que haber en Jesús. Lo mejor de lo mejor, sin Jesús, es como un montón de excremento comparado con Él.

Por consiguiente, Pablo está diciendo que si hemos de ir tras la justicia, andemos tras Jesús. No permitamos que vernos bien o ser mejores sea nuestro objetivo. Dejemos que nuestro objetivo sea Él.

¿Para qué deberíamos esforzarnos en ir tras Jesús? Para conocerlo.

Ya que Cristo es infinito, siempre habrá más de Él que podamos tener. Aunque vivas ciento setenta años, ni siquiera habrás comenzado a desempacar la plenitud de quién es Él. Siempre hay más de Él que podamos tener. De ahí la súplica de Pablo: "Amigo, no te dejes guiar por legalistas, y no te permitas quedar atrapado en búsquedas secundarias".

¡Conócelo!

Hombres y mujeres que caminan con este anhelo de ver y saborear a Jesús no solo se hallan en la Biblia sino a lo largo de la historia cristiana, y espero que también en la iglesia a la que asistas actualmente. Miremos un poco la historia.

En las *Confesiones* de Agustín, él dice esto:

> Yo me pregunto ahora: ¿Dónde estaba mi libre albedrío durante aquellos años? ¿De qué escondite profundo y secreto se le sacó en aquel momento para que yo sometiera mi cuello a tu yugo suave y mis hombros a tu carga ligera, Cristo Jesús, Tú, *mi Roca y mi Redentor?* ¡Qué agradable me resultó de golpe dejar la dulzura de las frivolidades! Antes tenía miedo de perderlas y ahora me gustaba dejarlas. Eras Tú quien las iba alejando de mí. Tú, suavidad verdadera y suprema, las desterrabas lejos de mí y entrabas en lugar de ellas. Tú, que eres más suave que todos los placeres.[1]

¿Oyes el eco de las ansias bíblicas en esas palabras?

---

1. San Agustín, *Confesiones*, séptima edición, traducida por José Cosgaya (Publicaciones Ceta, Iquitos, Perú, mayo de 2007), p. 181.

Agustín halló a Dios más dulce que cualquier otro placer, más grande que cualquier otro gozo. Sus afectos implicados en su búsqueda lujuriosa de sexo y de otros bienes menores se transformaron y transfirieron a su búsqueda de Dios. Por la gracia de Dios comenzó una ansiosa búsqueda de Cristo.

Vemos sentimientos similares de otros escritores cristianos:

- "Deseo dedicar mi boca y mi corazón a ti… No me abandones, porque si alguna vez debo estar solo, fácilmente me destrozaría". —Martín Lutero[2]
- "Te agradezco que esta, que es una necesidad de mi nueva vida, también sea el mayor deleite de mi existencia. Por tanto, en este momento me alimento de ti". —Charles Spurgeon[3]
- "Aquí yo moriría; aquí viviría; en adelante moraría en mis pensamientos y afectos, hasta la extinción y el consumo de todos los encantos pintados de este mundo, hasta la crucifixión de todas las cosas aquí abajo, hasta que para mí se vuelvan algo muerto y deforme, sin ninguna manera de satisfacer abrazos afectuosos". —John Owen, en la contemplación de la gloria de Cristo[4]

---

2. Martín Lutero, citado en James Kellerman, trans., *Dr. Martin Luthers Werke* (Weimar: Hermann Boehlaus Nachfolger, 1909), p. 513.
3. Charles Spurgeon, *The Works of Charles Spurgeon*, "Octubre 15" (MobileReference, 2010).
4. John Owen, explicación del texto; Juan 17:24, *The Works of John Owen*, primer volumen, editado por William H. Goold (Edinburgh: T. & T. Clark, 1862), p. 291.

La práctica de la presencia de Dios por el hermano Lawrence es quizás la expresión más desconcertante que he leído de esta búsqueda de Cristo como algo mejor y más tierno. Él escribe: "Actualmente estoy invadido por mecanismos internos tan encantadores y deliciosos que me avergüenza mencionarlos".[5] Hasta el día de hoy, con toda la educación teológica que he recibido aún no tengo idea de qué es lo que él está hablando. Pero puedo sentirlo. Hay un anhelo allí. Hay ansias. Hay una sensación de lo que Rudolf Otto llamó el *tremendo misterio,* la experiencia de Dios que es totalmente otra, enteramente extraña a nosotros y que, sin embargo, nos cautiva, nos atrapa, nos transforma, nos conmueve, nos sacude, y espiritual y tiernamente nos desconcierta.

Y no solamente los seres humanos anhelan a Dios de este modo ansioso y vehemente, Dios incluso dice que el orden natural también lo hace.

Porque el anhelo ardiente de la creación es el aguardar la manifestación de los hijos de Dios. Porque la creación fue sujetada a vanidad, no por su propia voluntad, sino por causa del que la sujetó en esperanza; porque también la creación misma será libertada de la esclavitud de corrupción, a la libertad gloriosa de los hijos de Dios. Porque sabemos que toda la creación gime

---

5. Hermano Lawrence, *The Practice of the Presence of God* (Grand Rapids, MI: Spire Books, 1967), p. 37.

a una, y a una está con dolores de parto hasta ahora (Ro. 8:19-22).

Incluso la creación, tras habérsele presionado o sometido a vanidad, anhela unirse a la libertad que se les ha dado a los hijos de Dios, la suspensión de la decadencia, la remoción del peso del pecado, y la derrota de la maldición. Así que ahora sabemos por qué los lobos aúllan. Sabemos por qué las ballenas gimotean. Sabemos por qué los árboles crujen. Al igual que nosotros, ellos están gimiendo. Existe algo intrínseco en la Creación que hace que recuerde lo que era antes de que fuera sujeta a vanidad. Por tanto, la Creación misma observa ansiosamente a los hijos e hijas del Rey, esperando que el último de ellos ingrese al reino para que las rocas y los árboles puedan ser puestos en libertad.

¿Por qué gime la Creación? La Creación gime por la misma razón que gemimos nosotros: desea la consumación de todas las cosas cuando Cristo regrese y finalmente ejecute justicia eterna, restaure todas las cosas, y establezca su reino soberano sobre toda la Tierra. La Creación, al igual que nosotros (y a causa de nosotros), está deseando ser hallada en Cristo.

Pablo afirma: "Lo he perdido todo, y lo tengo por basura, para ganar a Cristo, y ser hallado en él" (Fil. 3:8-9). Toda la persecución, todo el sufrimiento, todo el dolor, toda la muerte diaria al yo, y todo debilitamiento en la carne valen la pena en comparación con el gozo de conocer a Jesús, estar con Jesús, y llegar a ser como Jesús. El gozo del Señor es la fortaleza de Pablo, por lo que después de poner como ejemplo los sacrificios de sus discípulos al final de Filipenses 2, el apóstol empieza Filipenses 3 diciendo: "Por lo demás... gozaos".

Si en respuesta al evangelio *ahora* llegamos al "gozo", entonces, al final de los días, sea que se nos conduzca allí por muerte o por el regreso del Señor, experimentaremos también el gozo definitivo de la eternidad. Eso, *si* buscamos ser hallados solamente en Cristo.

¿QUÉ TE IMPULSA?

Hemos establecido que en la Biblia hombres y mujeres fueron apasionadamente tras el Señor. Hemos visto algunos ejemplos de la historia de la Iglesia acerca de hombres que describen su pasión por conocer a Jesús por encima de todas las cosas. Y hemos visto que incluso la Creación misma gime anhelando su propia redención.

He aquí mi pregunta: *¿Por qué no hacerlo nosotros también?* ¿Somos acaso tan fáciles de satisfacer? ¿Por qué es tan poco común esta sensación de ansias para con Dios, y esta angustia tan profunda?

Romanos dice que no solamente la Creación, sino que también nosotros mismos debemos gemir de esta manera. Pero no veo mucho de ese gemido en mi propia persona. Con demasiada facilidad me encuentro satisfecho con mi relación con el Señor, muy fácilmente satisfecho con dónde me hallo espiritualmente. ¿Por qué no anhelamos al Señor como lo hacía David?

¿Por qué al parecer tantos de nosotros nos despreocupamos ante pasajes tales como Mateo 7:21-23?

No todo el que me dice: Señor, Señor, entrará en el reino de los cielos, sino el que hace la voluntad de mi Padre que está en los cielos. Muchos me dirán en aquel día: Señor, Señor, ¿no profetizamos en tu nombre, y en tu nombre echamos fuera demonios, y en tu nombre hicimos muchos milagros? Y entonces les declararé: Nunca os conocí; apartaos de mí, hacedores de maldad.

¿Por qué no nos aterra ese texto?

¿Por qué no es parte de quiénes somos?

Creo saber por qué. No tuve ninguna idea al respecto por un tiempo después que fui salvo, pero creo saber ahora un poco mejor la razón. A menudo malinterpretamos nuestra fe y ponemos todo el peso en nuestra conversión, con muy poca expectativa por lo que viene después. Esto es lo que Pablo trata en Filipenses 2:12, cuando dice que debemos trabajar por nuestra salvación a medida que Dios obra en nosotros. Dice que lo hagamos con temor y temblor. ¿Por qué? Porque él sabe que presionar el dominio del evangelio en lo más hondo de nuestros corazones y vidas implica muchos momentos de morir al yo.

Tomar la cruz es algo terrible y tembloroso. Pero Jesús dice que debemos hacer eso, por lo que Pablo insiste en que ese es nuestro deber. No podemos dejar de confiar en Dios al convertirnos, pero debemos seguir confiando en Él caminando por fe, sintiendo el peso de la cruz cada día, sabiendo que Dios está obrando en nosotros y a través de nosotros, y creyendo que nuestro sufrimiento valdrá la pena. Pablo ve el temor y el temblor de la abnegación diaria como un modo de participar "de sus padecimientos, llegando a ser semejante a [Cristo] en su muerte" (Fil. 3:10). El apóstol toma la visión a largo plazo. Sabe que si participa a diario en los sufrimientos de Cristo, al final participará también en la resurrección de Cristo (3:11).

En cambio, lo que a menudo sucede cuando llegamos a conocer al Señor, y por lo general esto viene de un lugar sincero en nuestro corazón, es que el amor por la gracia de Dios es reemplazado con un sentido de obligación a complacerlo. Empieza con agradecimiento, pero fácil y naturalmente se convierte en tratar de pagar una deuda… en querer ganar la gracia del Señor, en otras palabras. Pasamos muy rápidamente al proyecto de autosalvación.

En lugar de eso debemos hacer una pregunta complementaria a las buenas obras. Debemos preguntarnos: *¿Qué me impulsa hacia Jesús? ¿Qué despierta mi afecto hacia Jesucristo?*

¿Qué es lo que te motiva a conocerlo, amarlo y adorarlo? Es probable que esto sea distinto para muchas personas. Tendrá que involucrar las Escrituras, porque así es como Dios nos habla. Implicará oración, porque así es como hablamos con Dios. Involucrará adoración, pero tenemos que recordar que la adoración es algo mayor y más expansivo que cantar canciones en la iglesia. ¿Qué es lo que incorpora la Palabra y la oración en nuestro corazón y que en última instancia lo edifica cuando adoramos?

A modo de ejemplo, déjame mostrarte algunas de las cosas que despiertan mi afecto por Jesucristo.

Una de las primeras veces que me di cuenta de la peculiaridad de cómo mis afectos motivan mi búsqueda de Cristo fue en el funeral del padre de uno de mis compañeros de universidad. El hombre era un militar veterano, así que recibió una salva de veintiún cañonazos, la presentación del emblema, y todo eso. Fue un funeral hermoso.

Después caminé por el cementerio y hallé la tumba de un tipo que murió a los veinticinco años de edad. Yo mismo estaba a punto de cumplir veinticinco en ese tiempo. Me senté al lado de su tumba en el cementerio y pensé en si su vida se había parecido a la mía en el momento en que murió. ¿Tuvo esposa? ¿Cuáles fueron sus esperanzas? ¿Se habrá imaginado siendo un hombre viejo?

En ese momento me volví muy consciente de mi mortalidad. Comprendí de manera cruda y profunda que voy a estar delante de Dios y que le daré cuentas de mi vida, y que de ninguna manera puedo limpiarme yo mismo. En ese momento en el cementerio me convertí en un mejor amante de Cristo.

Me encantan las madrugadas. Hay algo bueno acerca de lo buenas que son las mañanas, incluso en julio en Dallas. Son frías y tranquilas. Hay algo respecto al aroma de un buen café francés prensado. El aroma del café a las 5:30 h me hace amar más a Jesús. A veces me levanto temprano en la mañana, preparo café, abro mi Biblia y generalmente un libro de un autor ya fallecido (no es que no hayan excelentes libros escritos ahora). Edwards, Lutero, los reformadores, y los puritanos, la manera en que escriben, el modo en que a lo largo de sus escritos se alegran en el evangelio, me estimulan como ninguna otra cosa. Así que para mí una situación de madrugada como esa es un momento perfecto para adorar.

Las películas épicas avivan mis afectos. Me gustan todos los grandes temas y las extensas escenas adaptadas para las conmovedoras partituras musicales.

Esos son solo algunos ejemplos de cosas que estimulan mi afecto por Jesús.

Si prestas atención a lo que estimula tus afectos por Jesús y su evangelio, también podrás identificar lo que despoja tus afectos por Él. Para la mayoría de los que hemos sido salvos por bastante tiempo no son las llamadas "grandes cosas" las que nos siguen atrayendo. No hallamos mucha tentación en las cosas graves. Por ejemplo, si voy de camino a mi auto en el estacionamiento y un tipo se me acerca y me dice: "Hola, tú, este… ¿quieres un poco de heroína de alquitrán negro?", eso no es algo que me vaya a tentar mucho. No voy a hacer una lista de pros y contras por usar heroína.

No, en realidad las tentaciones moralmente neutrales son mucho más propensas a robarme mis afectos por Jesucristo, porque Dios me ha hecho crecer hasta el punto en que esos "grandes pecados" ya no sean aspectos que me atraigan. Pero puedo justificar de manera fácil y pecaminosa caer en cosas que no son pecados, porque se trata de pequeñeces, o lo que Cantar de los Cantares podría llamar "pequeñas zorras" que entran en la viña de mi adoración a Dios.

Por ejemplo, no presto demasiada atención a los deportes. *¿No es eso una locura?* No presto *demasiada atención* a los deportes porque empiezo a preocuparme. Y en realidad, ¿no es absurdo estar emocionalmente afectado por cómo un individuo de veintiún años maneja una pelota? ¡Qué tonto es hacer que se te arruine el día porque un grupo de veinteañeros te desilusionan en un partido!

No puedo ver demasiada televisión. No soy un individuo que esté en contra de la televisión, y estoy seguro de que hay algunas grandes cosas en la pantalla pero, si veo demasiada, he aquí lo que me ocurre: me desconecto de las cosas santas. Antes de darme cuenta me estoy riendo de cosas que el Señor llama perversas. Por eso no puedo ver demasiada televisión.

He aquí otro ejemplo: incluso algo tan simple como dormir demasiado tiempo me hace levantar a toda prisa, sin centrarme en Dios, sin pensar para nada en Él, y comienzo el día dedicado de lleno a las actividades.

Tales son algunas cosas que roban mis afectos. Y a ti, ¿qué te motiva? ¿Y qué amortigua tu fervor por Cristo?

Si estamos viviendo en una búsqueda de Jesucristo, en lugar de una búsqueda de un evangelio de negación y superación personal, responderemos esas preguntas en maneras que nos empujen más hacia el evangelio, no hacia el legalismo. Porque lo peor que podemos hacer para establecer lo que nos estimula y lo que nos sacia es determinar que otros no deberían ver televisión, o que deben levantarse temprano en la mañana para ser personas piadosas. Si hacemos eso, no estamos glorificando a Cristo sino a nuestras conductas. De repente hemos cambiado la búsqueda de Cristo por las mismas insignias de honra que Pablo dice que debemos tirar y considerar como basura. En otras palabras, empezamos a adorar la *adoración*.

Mi amigo Bleecker no es como yo. No se levanta a las 5:30 h ni lee a Edwards. Y no sería justo que yo esperara que él hiciera eso. Mi amigo se levanta, se aferra a su guitarra y canta salmos al Señor. Yo no voy a hacer eso. Creo que el Señor me diría algo como: "Amigo, suelta la guitarra y toma un libro. Bendice tu corazón".

Cosas así son las que vemos mientras contemplamos a Cristo: nos despojamos del equipaje, religioso o de cualquier otra clase, que nos impide enfocarnos únicamente en Él. Así lo expresa Hebreos 12:1: "Despojémonos de todo peso y del pecado que nos asedia". Cuando hacemos eso, podemos correr mucho más aprisa tras Jesús.

Él ha roto las ataduras que nos retenían. Nos ha liberado. Nos ha otorgado vida. Nos ha dado el Espíritu de poder. Por tanto, ¡a correr! Haz una pausa. Anda tras Jesús y solo tras Él, con fuerza, empuje y pasión.

¿Para qué? Para conocerlo. ¿Qué estimula tus afectos por Jesús? ¿Qué te roba esos afectos por Cristo? Responder esas dos preguntas es un asunto serio, ¡y hay gozo para disfrutar después que las contestes!

CAPÍTULO SEIS

ASIDO

Para lo cual fui también asido por Cristo Jesús (Fil. 3:12).

Tengo dos hijas pequeñas, y ya estoy aterrorizado por ellas. Yo odiaría ser una niña en nuestra cultura moderna. Todo parece girar alrededor de la belleza externa, y hay que añadir a eso las tonterías que los medios de comunicación constantemente anuncian a nuestras jovencitas. Si estás poniendo atención, es posible que hayas observado que toda película romántica, todo libro, toda revista, y la mayoría de compañeros de una mujer hacen afirmaciones como estas:

- "Te amo debido a cómo me siento cuando estoy contigo". (¿Qué pasará cuando desaparezcan los sentimientos?).
- "Te amo porque me tratas de este modo". (¿Y si te tratara mal alguna vez? ¿Desaparece el amor?).
- "Te amo porque nunca peleamos". (Entonces no participas mucho de una relación… o alguien está mintiendo).

¿Qué es el amor?

Cada vez que puedo trato de expresar a mis hijas la verdad de lo que es el amor. Una noche antes de ir a dormir le dije a mi hija Audrey cuánto la amo, y se me ocurrió un pensamiento. *¿Sabe realmente ella por qué la amo?* Le he dicho muchas veces que la amo. Ella casi siempre me devuelve la mirada.

—Yo también te amo —manifiesta.

—¿Sabes por qué papá te ama? —le pregunté entonces.

Audrey quedó desconcertada. Puedo imaginarme lo que pasó por su mente. *¿Porque nos divertimos juntos? ¿Porque he tomado algunas decisiones buenas hoy día? ¿Porque leemos libros juntos?* Ella no pudo verbalizar sus pensamientos, pero pude ver su mente acelerada. Aunque desesperadamente quiso contestar mi pregunta, no pudo hacerlo. Nunca olvidaré que tomé su pequeño rostro en mis manos y la observé mientras me miraba con esos adorables ojos que me derriten.

—Te amo porque eres mía. Dios te entregó a mí —declaré.

¿No es agradable que el amor de alguien por ti no dependa de lo que haces?

Así es el amor de Dios.

GRACIA PARA EL QUEBRANTAMIENTO

Dios ha sido muy pero muy misericordioso conmigo, pues hubo algunos problemas graves en mi hogar durante mi crianza. Pasaron algunas cosas malas. Y debido a mi trasfondo mantuve en mi mente y en mi corazón dos asuntos muy serios durante esos años. Uno era el mal carácter. El otro era la lujuria. Estas fueron algunas cuestiones generacionales dominantes con las que debí luchar.

Pero luego llegué a conocer a Cristo. Mi esperanza era que Él quitara esas cosas de mí. Ese es sin duda el mensaje que yo había oído desde el púlpito. Y cuando miré alrededor de nuestra iglesia, todo el mundo parecía muy unido, como si todos ellos hubieran resuelto sus problemas.

De manera poderosa, Cristo me salvó y rescató mi corazón. Lo amaba mucho. Pero no pasó mucho tiempo después de la experiencia de mi conversión cuando me di cuenta de que la ira y la lujuria seguían siendo problemas para mí. Mi mal carácter no me había dejado, y la lujuria seguía siendo una expresión viable cuando la ira y la amargura se deslizaban dentro de mi corazón.

Lo que me confundió y me hirió por mucho tiempo, lo que incluso me amargó en la iglesia durante una buena etapa de mi vida, fue esto: creía, según me habían enseñado, que en mi justificación también había tenido lugar la santificación total. Creía que en mi salvación se irían mis luchas y, además, que si no desaparecían, de algún modo esto revelaba que yo no era realmente nueva criatura en Cristo.

Pero esto, simplemente, no era verdad.

Considera lo que Pablo afirma en Filipenses 3:12: "No que lo haya alcanzado ya, ni que ya sea perfecto; sino que prosigo, por ver si logro asir aquello para lo cual fui también asido por Cristo Jesús".

¿Por qué iba Pablo apasionadamente tras Jesús? ¿Por qué debemos seguir buscándolo, incluso después de nuestra conversión? Porque somos individuos arruinados. En realidad estamos destrozados.

Es muy útil lo que Pablo declara aquí: "No que lo haya alcanzado ya". En una manera extraña es consolador que él diga: "Ni que ya sea perfecto". Al contrario, el apóstol reconoce que aún lucha, que debe crecer en algunos aspectos, que debe seguir yendo tras Jesús y, entonces, añade: "Prosigo".

Piensa en este versículo con relación a tus luchas con el pecado en la vida cristiana. Sean cuales sean tus pecados particulares, la implicación aquí es que existe una manera correcta de luchar y una manera errónea de hacerlo. El modo errado podría describirse así: "Déjame controlar esto. Deja que yo maneje esta cuestión". Y la manera correcta de luchar podría describirse de este modo: *Persevera en Jesús, y luego sigue perseverando.* Pablo dice en 2 Corintios 3:18, que es al contemplar a Jesús que somos trasformados a su imagen. Recuerda las palabras del famoso himno: "Fija tus ojos en Cristo / tan llenos de gracia y amor / y lo terrenal sin valor será / a la luz del glorioso Señor".[1]

Los quebrantados en Cristo deben mantenerse buscándole a Él para que el poder de Cristo destruya más y más aquellas áreas de atadura en sus vidas. Ir tras esto modificando la conducta simplemente no funciona.

¿Cómo vencer el pecado? Vencemos el pecado únicamente buscando a Jesús, conociéndolo y yendo tras Él. Hay gracia sobre gracia en Él. Tanta gracia que no se puede utilizar toda. Si como quebrantados llegamos a Cristo en fe, recibiremos un suministro infinito de gracia. Por esto es que buscamos a Cristo

---

1. Helen Howarth Lemmel, "Fija tus ojos en Cristo", 1922. Trad. Carlos P. Denyer.

por encima de todo, porque Él es más que suficiente. *Él siempre será suficiente.*

Además, ¡Cristo conoce nuestras luchas! Sabe que somos personas con problemas. Él sabe que aún luchamos en el laberinto del pecado. Jesús se compadece de nuestras debilidades y tentaciones. No tiene sentido negarlas, cubrirlas o fingir que no existen. En Cristo tenemos la gracia que nos concede la seguridad para "adueñarnos" de nuestras luchas frente a otros. En la gracia de Cristo hay libertad para ser sinceros y transparentes. Cuando aceptamos esa seguridad y esa libertad, terminamos dirigiendo a otros hacia la única fuente de sanidad y perdón. Esa fuente no es nuestro proyecto de mejoramiento personal sino la obra concluida de Cristo en la cruz y fuera de la tumba.

UNA GRACIA QUE NO NOS DEJARÁ IR

Mi padre era militar, así que mi familia se mudaba con frecuencia cuando yo era joven. Llegué a Texas por la Bahía de San Francisco. Cuando me hallaba en la secundaria, un compañero llamado Jeff comenzó a hablar del evangelio conmigo y con algunos de nuestros amigos. Cada día me sentaba con los muchachos a una mesa y Jeff solía usar el tiempo para hablarnos acerca de su fe. La mayoría de nosotros conocíamos el contexto general de la historia. Habíamos oído que había un Dios creador contra quien habíamos pecado. La mayoría de nosotros habíamos oído que Él había enviado a su Hijo a morir por nosotros y que Jesús volvió a vivir para que pudiéramos ir al cielo cuando muriéramos. Pero se trataba solo de una especie de conocimiento intelectual o cultural.

A pesar de conocer lo básico, yo tenía muchas preguntas que hacerle a Jeff. Lo presioné con un montón de interrogantes durante aproximadamente un año. Fui a la iglesia con él, y debo decirte que la iglesia resultó algo ridículo para mí. En la experiencia de fines de la década de los ochenta y principios de la de los noventa del ministerio de jóvenes no sé cómo alguien pudo llegar a Cristo. Este debió haber sido el período más frío en la historia de la iglesia, y soy totalmente consciente de la Inquisición.

En aquel entonces entrabas a una reunión del grupo de jóvenes donde cantaban: "Tengo gozo en mi corazón. ¡Profundo, profundo gozo en mi corazón!". Entonces alguien gritaba: "¡Deletréalo!" y todo el grupo deletreaba *gozo* con sus cuerpos.

¿Cómo diablos esperaríamos que alguien comenzara una relación seria con Jesús en ese ambiente? No había nada respecto a esa experiencia que como estudiante de secundaria no salvo me hiciera pensar: *Quiero algo de esto*. Pero de todos modos iba, y escuchaba y oía el evangelio.

Yo tenía mil preguntas que necesitaban respuesta antes de convertirme en creyente, y quizás me respondieron un par de ellas. Sin embargo, oía el evangelio predicado. Y en un instante (quiero decir, *en un instante*) después de ese año de hacer preguntas y de relacionarme con ese ridículo grupo de jóvenes, de repente ya no me importó si tenía respuestas a esas preguntas.

Ahora sigo teniendo preguntas, algunas de las mismas que me hacía en ese entonces, pero al momento yo estaba cautivado

con el evangelio de Cristo, por la sangre de Cristo. Él abrió mi
corazón y mi mente, y me salvó. El Dios soberano del universo
dijo: "Tú eres mío". A pesar de todos los prerrequisitos que yo
había inventado para poner mi fe en Dios, el Padre había puesto
su Espíritu en mí.

"Te amo porque eres mío", expresó Él.

Déjame mostrarte esta idea a gran escala.

> Bendito sea el Dios y Padre de nuestro Señor
> Jesucristo, que nos bendijo con toda bendición
> espiritual en los lugares celestiales en Cristo, se-
> gún nos escogió en él antes de la fundación del
> mundo, para que fuésemos santos y sin mancha
> delante de él (Ef. 1:3-4).

He descubierto que mientras más tiempo haya tenido alguien en la iglesia, más difícil se vuelve creer esta verdad. Algunas personas han estado en la iglesia durante tanto tiempo,
representando siempre el papel de "ser un buen cristiano", que
la misma idea de que fueron elegidos para ser intachables desde
antes de que empezaran a ganar mérito les resulta muy ofensiva.
En nuestra carne tendemos a creer que nuestra santidad es el
resultado de nuestro esfuerzo físico espiritual. Intelectualmente
podríamos estar de acuerdo con la doctrina de la *sola gratia,* pero
tendemos a vivir y actuar como si fuéramos salvos por lo que
Don Whitney llama "sola autosuficiencia". No obstante, ese no
es el testimonio de las Escrituras.

Pablo continúa:

VIVIR ES CRISTO MORIR ES GANANCIA

> En amor habiéndonos predestinado para ser
> adoptados hijos suyos por medio de Jesucristo,
> según el puro afecto de su voluntad, para ala-
> banza de la gloria de su gracia, con la cual nos
> hizo aceptos en el Amado (Ef. 1:5-6).

Si tiendes a creer que no hay manera de que puedas ir tras Jesús de este modo, conocer a Jesús de este modo, caminar con Jesús de este modo, experimentar a Jesús de este modo porque has
hecho algo horrible, porque tienes un pasado turbio, o porque
aún luchas con el pecado, este texto te está llamando mentiroso.
Refuta toda esa clase de pensamiento, porque la palabra afirma
claramente que Dios rescata a los malvados para alabanza de su
gloriosa gracia. Se trata de la misma dinámica de gracia en su
lugar como cuando vemos que Dios dice a David, el muchacho
arpista: "Eres mío", y luego a David, el asesino adúltero: "Eres
mío". A Moisés, el asesino tartamudo no calificado: "Eres mío".
A Pablo, el asesino: "Eres mío". Y, en respuesta, Pablo se convierte en el hombre impulsado básicamente a decir: "Sin duda
mis mejores esfuerzos son basura comparados con la justicia que
se me ha dado totalmente por gracia y que se me prometió desde
antes del inicio de los tiempos" (Fil. 3:8, paráfrasis del autor).

¿Por qué es que tan pocos "individuos preciosos" y sin pasados accidentados son usados poderosamente en las Escrituras?
Porque la Biblia trata primordialmente de la gracia de Dios,
no de limpieza humana. Qué asombrosa verdad que el Dios
santo del universo dijera "eres mío" a pecadores y les echara su
mano en amor. Pablo continúa diciendo que en Jesús "tenemos

redención por su sangre, el perdón de pecados según las riquezas de su gracia" (Ef. 1:7).

¿Por medio de qué somos redimidos? ¿Por nuestros esfuerzos? No, por la sangre de Cristo. ¿Según qué se nos perdonan nuestros pecados? ¿Nuestro mérito moral? No, según las riquezas de la gracia divina.

¡Y la gracia de Dios es tan abundante! Incluso cuando he tratado de huir de Dios, no me ha ido bien. La vida cristiana es un enigma extraño; o vamos tras Cristo, o somos, de algún modo, infelices. Si queremos gozo, satisfacción y paz, en realidad no tenemos más opción que Jesús. En Juan 6, después que la multitud deja a Cristo porque encuentra ofensiva su enseñanza, Él pregunta a sus discípulos: "¿Queréis acaso iros también vosotros?". Los discípulos constantemente hacen mal las cosas, y durante mucho tiempo después lucharán con la misión de Jesús, pero en este momento son suficientemente sabios para razonar de esta manera con el Señor:

"¿A quién iremos?".

A cualquier otra parte a la que fuéramos sería un desastre. Cualquier respuesta distinta a Jesús no es una respuesta en absoluto. Y sin embargo, aunque huyamos, su gracia nos alcanza. Por supuesto, a veces la gracia parece como tragada por un gran pez, pero qué alegría de todos modos saber que no podemos dejar atrás el amor soberano que Dios nos tiene. Su gracia se nos aferra, y no nos dejará ir.

¿Por qué entonces no deseamos ardientemente, por qué no anhelamos, por qué no buscamos apasionadamente a Cristo de este modo? Creo que se debe a que tratamos de manejar nuestras vidas según nuestras propias riquezas espirituales. Pablo afirma en Filipenses 3:12: "No que lo haya alcanzado ya", y pensamos: *Bueno, sabemos más que él. Es obvio que no se esforzó lo suficiente. No dio 110%.*

Pablo mismo llama necedad a tal idea. En Gálatas 3:3 pregunta: "¿Tan necios sois? ¿Habiendo comenzado por el Espíritu, ahora vais a acabar por la carne?". No, de principio a fin se trata del Espíritu. Por eso es que, en Filipenses 2:13, el apóstol dice que es Dios quien está obrando en nosotros la capacidad de lograr nuestra salvación.

Una y otra vez volvemos a nuestros esfuerzos de correr tras Cristo. Hay algo correcto y bueno acerca de una vida disciplinada que está edificada en conocer a Jesús más plenamente, pero no debemos olvidar la realidad de que Él nos buscó primero. Que nos eligió primero (Jn. 15:16). Que nos amó primero (1 Jn. 4:19). Y al hacer esto, al regresar a la total justificación que tenemos en Cristo, declarada desde la fundación del mundo en los propósitos predeterminados de Dios, hallamos el poder para seguir adelante en nuestra santificación.

Volvamos a Filipenses 3, allí encontramos a Pablo afirmando esta dinámica:

> No que lo haya alcanzado ya, ni que ya sea perfecto; sino que prosigo, por ver si logro asir aquello para lo cual fui también asido por Cristo Jesús. Hermanos, yo mismo no pretendo haberlo ya alcanzado; pero una cosa hago: olvidando ciertamente lo que queda atrás, y extendiéndome a lo

que está delante, prosigo a la meta, al premio del
supremo llamamiento de Dios en Cristo Jesús.
Así que, todos los que somos perfectos, esto mismo sintamos; y si otra cosa sentís, esto también
os lo revelará Dios. Pero en aquello a que hemos
llegado, sigamos una misma regla, sintamos una
misma cosa (vv. 12-16).

Pablo prosigue (tiempo presente) porque Cristo lo ha asido
(tiempo pasado). El imperativo de obediencia se basa en el indicativo del evangelio. Pablo cierra este pasaje del mismo modo,
después de hablar de proseguir, olvidar el pasado, y seguir adelante... y contesta el llamado, regresando para decir: "Pero en
aquello a que hemos llegado, sigamos una misma regla, sintamos una misma cosa". Volver al evangelio una y otra vez es de
vital importancia en ir tras Cristo. No podemos correr tras Él
apasionadamente de otro modo. El evangelio está donde está el
poder. Está donde se halla la reverencia.

También volvemos una y otra vez al evangelio debido al hecho de que en sí es muy buena noticia que Dios se mantenga
amándonos, dándonos poder, y santificándonos a pesar de nuestros continuos problemas y sufrimientos.

Esto nos lleva al momento decisivo para todos en la madurez
cristiana. ¿Correrás apasionadamente tras Cristo en el evangelio?

He dicho por años que la iglesia es el pasatiempo más aburrido en el universo. Consigue un barco. Vete a hacer montañismo.
Patina. Si lo único que buscas es alguna clase de experiencia de
mejoramiento personal, haz algo diferente a la iglesia. La iglesia

como un centro de autoayuda es algo terrible a lo cual dedicar la vida. Es decir, tienes que ir el domingo por la mañana. Temprano. Tienes que levantarte una y otra vez de tu silla. Es un pasatiempo aburrido, aburrido, aburrido.

¿Es esto todo lo que estás haciendo con tu vida cristiana? ¿Hallar algo para poner en la categoría "espiritual" de tu existencia?

¿O puedes ver la estremecedora verdad de las buenas nuevas de Dios? ¿Ves que, comparada con la infinitamente perfecta santidad de Dios, tu justicia es basura? ¿Y te das cuenta de que Dios te ama eternamente hasta el punto de que estuvo dispuesto a poner en acción su propia santidad para perdonarte, salvarte y redimirte? En fe, no en obras, la justicia perfecta de Cristo es considerada tuya.

Por tanto, unámonos con los hombres y las mujeres en las Escrituras y en la historia de la Iglesia, y con la Creación misma, en gemir por causa de este misericordioso Dios.

No te detengas. Prosigue a la meta. Él te ha asido.

Y no te soltará.

Dios nos ayuda, por el bien de su nombre.

CAPÍTULO SIETE

NUNCA SATISFECHO

Prosigo a la meta (Fil. 3:14).

Como mencioné antes, me gusta leer a autores que ya han fallecido. Es una de mis cosas favoritas en el mundo. Simplemente me emociona, de veras. A falta de una palabra mejor, soy un estudioso. No me molesta abrir la Palabra de Dios, tomar papel y lápiz, poner en marcha mi computadora, e investigar a fondo para tratar de contestar preguntas complicadas y luchar con textos difíciles. Ser un estudioso es una de mis fortalezas.

Pero en cuanto a la oración, soy débil. La oración es agobiante para mí. Es más, uno de mis versículos favoritos es Romanos 15:30 en que Pablo declara: "les ruego que se unan conmigo en la lucha, orando a Dios por mí" (DHH). Pienso: *¡Ah, gracias a Dios que luchar en oración es bíblico!*

En mí crea una insatisfacción santa en cuanto a mis oraciones el hecho de saber que estudiar es algo que hago bien, y que en lo profundo del alma lucho con la oración al nivel del corazón. Anhelo una relación íntima con Jesucristo. Veo tanto en la Biblia como en la historia cristiana a hombres y mujeres que oran de modo profundo y extenso, mientras que mis oraciones se sienten superficiales y limitadas. Por tanto, mis oraciones tienden a convertirse en "Señor, no quiero solamente estudiar acerca de ti. Quiero *conocerte.* No quiero ser alguien que habla respecto a ti. Quiero ser alguien cuyo corazón corra tras de ti".

Solo el ser consciente del realismo de esta debilidad en mí me ayuda a apoyarme en el Espíritu, a fin de fortalecerme en ese mismo aspecto. Tenemos la promesa de que "no sabemos orar como es debido, pero el Espíritu mismo ruega a Dios por nosotros" (Ro. 8:26). Sé que es muy popular en el mundo de los negocios, y aun en el mundo de la iglesia, decir que debemos sacar partido solo de nuestras fortalezas y dedicar poco tiempo a nuestras debilidades, pero no veo demasiado ese espíritu de eficiencia en la Biblia. No obtenemos ese lujo en nuestra fe. Al preocuparnos por nuestras debilidades podemos interesarnos en Dios y confiar en su misericordioso amor. Y al reconocer nuestras fortalezas y debilidades podemos comenzar a desarrollar la clase de insatisfacción santa que yace bajo las instrucciones de Pablo a los filipenses de "proseguir" o seguir adelante.

Sigue adelante entonces en el ejercicio de introspección. Es importante conocerte bien. No te ayudará en nada mentir cuando se trata de ti mismo. En otras palabras, no mientas respecto a ti. Conoce dónde eres débil. Conoce tus pensamientos. Conoce los lugares de tu corazón que no deseas entregar al Señor. Debes dedicar tiempo en tu vida para ser consciente de qué está pasando en tu corazón, en tu mente, y en lo profundo dentro de ti. Hazte constantemente preguntas que te den un buen diagnóstico en cuanto a áreas de dudas e incredulidad.

Nos estamos poniendo aún más prácticos ahora. Una insatisfacción santa es buena porque nos mantiene yendo hacia Cristo con el fin de descansar en Él y buscar su bendición. Como hemos visto, queremos identificar los aspectos que estimulan nuestro afecto por Cristo, y también queremos identificar los que lo apagan. Examinemos ahora algunas maneras en que podemos permanecer en el marco de esta insatisfacción santa, para nunca estar satisfechos con nosotros mismos y así poder encontrar nuestra satisfacción en Él.

CÓMO ENCONTRAR BUENOS EJEMPLOS

Conocer íntimamente nuestras debilidades hará maravillas para nuestro sentido de santa insatisfacción. Otra manera primordial de estar insatisfechos con nosotros mismos es medirnos continuamente con la santidad de Cristo, porque siempre nos quedaremos cortos. Mientras mantengamos nuestra comprensión del evangelio y estemos en sintonía con la gracia de Dios, estas clases de ejercicios pueden ser saludables porque nos mantendrán tanto humildes como confiados: *humildes en cuanto a nosotros mismos y confiados en Cristo.* Si simplemente nos comparamos con Jesús pero no damos el paso de creer que su bondad nos es imputada por fe, seguiremos sumidos en derrota y vergüenza.

Por eso, si estamos siempre en sintonía con la gracia de Dios, podremos examinar, sin ningún temor, nuestras debilidades y, de una manera sana, contrastar con regularidad nuestra imperfección con la perfección de Jesús.

Y existe aún otro modo de evitar el estancamiento espiritual. Es cierto que todos hemos estado alrededor de hombres y mujeres que son piadosos en un nivel que es casi vergonzoso. Ya analizamos cómo compararnos con otros puede ser terriblemente erróneo, en particular si creemos que nuestra justicia radica tan solo en ser mejores que los demás. También es peligroso encontrar lo que nos falta en comparación con otros, si nuestro objetivo es simplemente ser como otras personas y no aprender de ellas respecto a cómo amar y glorificar a Jesús. Pero también hay una manera santa de ser guiados, instruidos y discipulados por otras personas. Podemos encontrar buenos ejemplos, modelos de semejanza a Cristo, que son fuertes donde somos débiles, y cuya presencia en nuestras vidas nos desarrolla y nos ayuda a crecer.

Cuando estaba en la universidad, conocí a un ministro itinerante que prácticamente vivía en las calles repartiendo tratados y hablando a todo el mundo acerca de Jesús. Pasé algún tiempo con él y recuerdo cuán directo era respecto al evangelio. No tenía complejos en cuanto a llevar a Jesús a todo.

Uno de mis recuerdos más vívidos del tiempo con este hombre fue un día en que fuimos a almorzar juntos. Cuando llegó nuestro momento de pedir, el ministro pidió un sándwich de atún de quince centímetros o algo así. La joven mujer (perdón, *la artista en sándwiches*) detrás del mostrador empezó a hacer el sándwich.

—¿Cree usted que ese sándwich pueda alimentar a cinco mil personas? —le preguntó el ministro muy claramente.

—Este… bueno, no señor —respondió ella—. Tenemos el sándwich de un metro en bandeja para restaurantes. Pero ese es el más grande que hacemos.

—No, no —replicó él—. Me refiero a ese sándwich, el que usted está haciendo. ¿Cree usted que ese sándwich pueda alimentar a cinco mil personas?

—Bueno… no. No, creo que no podría hacerlo —titubeó ella.

—Entonces usted no conoce a mi Dios —respondió él.

A estas alturas, en cierto modo, me encontré retrocediendo, pensando: *Caray, yo solo quiero mi sándwich de albóndigas.*

Yo estaba en cierto modo avergonzado por la agresión evangelística del hombre en ese momento. Él estaba simplemente exponiendo todo el mensaje allí, pues no creía que pedir un sándwich fuera un momento para desligarse del evangelio.

Esta fue una buena experiencia para mí, algo saludable. Es bueno para nosotros juntarnos con personas que nos aventajen espiritualmente, en particular en aspectos en que somos débiles.

Por tanto, en mi propia vida he descubierto que debo estar cerca de personas que oran, que son buenas en oración. Deseo estar cerca de individuos cuyo don principal es orar, que estén apasionados en cuanto a la oración. Ellos me van a recordar que no necesito intelecto en esta práctica, necesito poder.

Todos debemos rodearnos de personas que tengan fortalezas en áreas en que somos débiles. ¿Débil en evangelización? Sigue de cerca a un fuerte evangelizador. ¿Débil en teología? Aprende con un buen estudioso. ¿Débil en el servicio? Únete a los hospedadores, humildes y sacrificados.

Nunca estés satisfecho con dónde te encuentras en el área de crecimiento espiritual. Cultiva una insaciabilidad por más de Dios examinando tus debilidades, contemplando la perfección de Cristo, y encontrando buenos ejemplos de fortalezas que deseas desarrollar.

LA INSATISFACCIÓN CORRECTA

No que lo haya alcanzado ya, ni que ya sea perfecto;
sino que prosigo, por ver si logro asir aquello para lo cual
fui también asido por Cristo Jesús (Fil. 3:12).

Me encanta lo que Pablo, mejor que nadie, un hombre de Dios en el nivel superior de madurez cristiana, dice aquí: "No que lo haya alcanzado ya". Si él puede tener esa santa insatisfacción en cuanto a su ritmo de progreso, nosotros también podemos.

Sin embargo, debemos recordar que se trata de una insatisfacción santa, que significa que no es insatisfacción con Cristo o con nuestra salvación sino que es una insatisfacción definitiva con nosotros mismos o con cualquier cosa menos con Cristo. No significa que no disfrutemos de los buenos regalos de Dios; simplemente significa que no debemos buscar satisfacción en sus regalos a expensas de Él como el Dador.

Este es un punto crucial. No estoy instando aquí al tipo de insatisfacción que te dejaría lleno de ansiedad, de temor, o de una sensación constante de desaprobación de Dios y de frustración contigo mismo.

No, quiero animarte en vez de eso al tipo de insatisfacción que busca adorar con más valentía de la que actualmente hacemos, que anhela conocer más de las Escrituras de lo que ahora conocemos. Abogo por la clase de insatisfacción que nos impulsa a querer orar más profunda y poderosamente de lo que hacemos ahora mismo.

De igual modo, esta insatisfacción no tiene que ver con quedarse estancado en un estado de inmovilidad. A veces podemos quedarnos encerrados en una falta de satisfacción a la que simplemente renunciamos, suponiendo que no creceremos ni experimentaremos gozo. Si moramos en nuestras debilidades o en nuestros aspectos de disfunción sin el marco del evangelio que nos dice que estamos aprobados desde la eternidad en Cristo y totalmente justificados delante de Dios, podemos entrar en "parálisis analítica". Al contrario, la santa insatisfacción a la que Pablo nos insta es una inquietud que nos lleva más allá y más profundamente en el gozo, no lejos de ese mismo gozo. Pablo ataca su propia apatía y energía desde diferentes ángulos.

Sé que el apóstol dice: "Una cosa hago" (Fil. 3:13), pero como cualquier predicador de fiar, luego enumera *cinco aspectos* que, en Filipenses 3:13-16, podemos identificarlos como los siguientes:

> Olvidar lo que queda atrás.
> Extenderse a lo que está adelante.
> Proseguir a la meta.
> Sentir una misma cosa.
> Seguir una misma regla.

Ese primer ejercicio es crucial para una insatisfacción que es santa y no pecaminosa o desmoralizadora. "Olvidar lo que queda atrás". Este olvido no se puede referir a todo lo que está detrás de nosotros. Podría ser un olvido tipo carta blanca, porque una y otra vez en las Escrituras Dios realmente dice a su pueblo que *recuerde*. En el Antiguo Testamento constantemente mantiene a los israelitas construyendo altares de remembranza. Dios les ordena recordar su fidelidad pasada hacia los patriarcas y la fidelidad de estos hacia Él. Por tanto, Pablo no está diciendo: "Olviden todo". Incluso en 1 Corintios 15:1 declara: "Además os declaro, hermanos, el evangelio que os he predicado".

En vez de eso, lo que el apóstol está diciendo es que quiere olvidar algo tras él que podría sacarlo de su búsqueda de Jesucristo. Esto incluye tanto puntos altos como puntos bajos. ¿Por qué puntos altos?

Todos hemos tenido victorias en nuestro pasado, momentos en que vencimos algo difícil o deprimente. A lo largo de la vida cristiana experimentamos diversos "triunfos". Todas esas victorias pueden ser recordatorios hermosos de la provisión de Dios o de su poder. Pero también podemos volvernos engreídos y perezosos si tratamos de descansar en esas victorias temporales. En 1 Corintios 10:12, Pablo en realidad advierte a los creyentes respecto a esto: "Así que, el que piensa estar firme, mire que no caiga". Tenemos que ser más cuidadosos con nuestro estado espiritual al regocijarnos en victorias pasadas. Esos recuerdos son fabulosos, pero no son alimentación adecuada para el crecimiento necesario de hoy. "El que piensa estar firme, mire que no caiga" en este sentido significa "no vivas de las victorias de ayer".

La victoria de ayer se te dio por la gracia de ayer. El día de hoy viene con su propia gracia. Las misericordias divinas son nuevas cada mañana, como maná entregado a ti justo a tiempo. La gracia de ayer es inadecuada frente a la lucha de hoy.

Pero no solo debemos prestar atención a las victorias pasadas, sino más visiblemente a los fracasos pasados. Debemos tener cuidado de no dejar que la búsqueda actual de Jesucristo se vea afectada por algo sombrío detrás de nosotros, sea pecado o lucha. Si hicimos o nos hicieron algo malo, debemos llevarlo cautivo a la obediencia de Cristo y no permitir que nos impida buscar a Jesús.

Es muy natural y muy fácil quedar atascados en la idea de que lo que hemos hecho o por lo que hemos pasado es simplemente demasiado para que la gracia lo venza. Nos declaramos intocables, inalcanzables o *incurables*. Recuerda las palabras de Pablo: "Olvidando ciertamente lo que queda atrás". Negarse a olvidar estas cosas al final solo es una forma sutil de orgullo. Al hacer esto suponemos que somos las únicas personas que representamos demasiado problema para que Jesús lo pueda tratar. Suponemos que somos las únicas nueces que Él no puede romper. Tenemos la única situación para la cual la cruz de Cristo es inadecuada. *¡Ah, por supuesto! Él puede salvar a Pablo, puede liberar a Pedro, y puede hacer nuevas todas las cosas. ¡Pero no a mí! Yo tengo la kriptonita de la gracia.* Proceder así es como negarse a olvidar que lo que hay detrás es demasiado orgullo.

No obstante, debido a la cruz y a que la salvación solo viene por Cristo, en realidad podemos llegar a presumir aún más de nuestros pasados tenebrosos. No, no nos jactamos como una forma de glorificar el pecado o de abogar por nosotros mismos, sino más bien para magnificar las maravillas de la gracia y la misericordia de Cristo. En 1 Timoteo 1, el mismo Pablo hace eso:

Doy gracias al que me fortaleció, a Cristo Jesús nuestro Señor, porque me tuvo por fiel, poniéndome en el ministerio, habiendo yo sido antes blasfemo, perseguidor e injuriador; mas fui recibido a misericordia porque lo hice por ignorancia, en incredulidad. Pero la gracia de nuestro Señor fue más abundante con la fe y el amor que es en Cristo Jesús. Palabra fiel y digna de ser recibida por todos: que Cristo Jesús vino al mundo para salvar a los pecadores, de los cuales yo soy el primero. Pero por esto fui recibido a misericordia, para que Jesucristo mostrase en mí el primero toda su clemencia, para ejemplo de los que habrían de creer en él para vida eterna (vv. 12-16).

En otra parte él dice: "Si es necesario gloriarse, me gloriaré en lo que es de mi debilidad" (2 Co. 11:30). Es esta valiente exposición de su propia insuficiencia y pecaminosidad lo que lleva a Pablo a confesar en Filipenses 3: "No que lo haya alcanzado ya".

Pero el apóstol no está encadenado por el hecho de no estar a la altura. *Más bien esto lo motiva.* Él se puede gloriar en su debilidad porque sabe que hay poder en el evangelio, y en realidad hay poder en el evangelio únicamente para quienes confiesan humildemente sus propias debilidades. Este es otro ejemplo de la clase correcta de contentamiento en acción.

EL COMBUSTIBLE DE LA GRACIA

La clase correcta de insatisfacción funciona. Hace cultivar el esfuerzo. Ya que no es perezoso, no puede existir en un estado de inmovilidad espiritual sino más bien en un estado de crecimiento. La insatisfacción santa produce gran cantidad de energía inquieta que busca descanso en Cristo y su evangelio. De ahí es de donde viene "uno" de los cinco componentes que Pablo expone.

> Hermanos, yo mismo no pretendo haberlo ya alcanzado; pero una cosa hago: olvidando ciertamente lo que queda atrás, y extendiéndome a lo que está delante, prosigo a la meta, al premio del supremo llamamiento de Dios en Cristo Jesús. Así que, todos los que somos perfectos, esto mismo sintamos; y si otra cosa sentís, esto también os lo revelará Dios. Pero en aquello a que hemos llegado, sigamos una misma regla, sintamos una misma cosa (Fil. 3:13-16).

En el descontento santo ejercitamos lo que Dios ha obrado en nosotros por medio de su Espíritu. Primero hacemos esto olvidando detrás de nosotros cualquier cosa que podría sacarnos de nuestra actual búsqueda. Después nos *movemos*. Sí, estoy en Cristo. Sí, lo he encontrado. Sí, Él me ha encontrado. Sí, le pertenezco a Él. Sí, lo tengo, pero prosigo en la búsqueda de más de Él. Si siempre se puede tener más de Jesús, hacia allá voy. Y no solo estoy deambulando por ahí, vagando sin rumbo. Estoy avanzando, y estoy prosiguiendo. Estoy prosiguiendo como si Jesús fuera el único premio que existe.

A Pablo le gusta este tipo de lenguaje. Lo usa todo el tiempo:

> Desecha las fábulas profanas y de viejas. Ejercítate para la piedad; porque el ejercicio corporal para poco es provechoso, pero la piedad para todo aprovecha, pues tiene promesa de esta vida presente, y de la venidera. Palabra fiel es esta, y digna de ser recibida por todos. Que por esto mismo trabajamos y sufrimos oprobios, porque esperamos en el Dios viviente, que es el Salvador de todos los hombres, mayormente de los que creen (1 Ti. 4:7-10).

La situación no tiene nada que ver con mitos ridículos e irreverentes. Pondré esta frase en jerga moderna: No juegues. No te hagas el tonto. Al contrario, entrénate para la piedad. Trabaja y esfuérzate.

Revisemos ahora 1 Corintios 9:23-27:

> Y esto hago por causa del evangelio, para hacerme copartícipe de él. ¿No sabéis que los que corren en el estadio, todos a la verdad corren, pero uno solo se lleva el premio? Corred de tal manera que lo obtengáis. Todo aquel que lucha, de todo se abstiene; ellos, a la verdad, para recibir una corona corruptible, pero nosotros, una

incorruptible. Así que, yo de esta manera corro, no como a la ventura; de esta manera peleo, no como quien golpea el aire, sino que golpeo mi cuerpo, y lo pongo en servidumbre, no sea que habiendo sido heraldo para otros, yo mismo venga a ser eliminado.

Cada vez que leo ese pasaje pienso en la escena en *Rocky II* en que Adrián le dice a Rocky: "Hay algo que quiero que hagas por mí. Gana". Entonces la música entra en acción, y empieza el clásico montaje de entrenamiento.

Pablo está diciendo que nadie corre una carrera para perder. ¿Por qué correr si no lo haces para ganar? Así que él sencillamente dice: corre para ganar. Pero el apóstol es sincero en cuanto al hecho de que no puedes hacerlo si no entrenas, si no te disciplinas.

En este punto es que algunas personas mencionarán la idea de la gracia, ese mensaje revolucionario en la esencia del cristianismo. La gracia es la verdad que distingue la fe bíblica de todas las demás religiones y medios de mejoramiento personal, y que además lo hace mejor que todas ellas. ¿No es la idea de la gracia contraria a esta charla acerca de esforzarse, trabajar, entrenarse y disciplinarse?

Una de las mejores maneras de obtener gracia equivocada es creer que significa que no debemos esforzarnos en la vida cristiana. Pero, según Dallas Willard expresa, "la gracia no se opone al esfuerzo, sino a ganarla".

Nadie tropieza con la piedad, nunca. Esto simplemente no ocurre. No existe el modo de piloto automático para la vida cristiana. No vemos personas en la Biblia creciendo en piedad sin hacer ningún esfuerzo. Ni siquiera la persona que obtiene el milagro.

En realidad, en el Antiguo Testamento vemos que cuando el milagro de Dios se manifiesta de una manera profunda y asombrosa, el pueblo finalmente empieza a dar por sentado ese milagro, el cual pronto se disipa cuando no hay esfuerzo o lucha hacia la santidad. Moisés sube al monte. Acaba de sacar al pueblo de Egipto. Mientras está arriba recibiendo los Diez Mandamientos, el pueblo de Israel toma todo su oro y fabrica un pequeño becerro de oro. Hacen un becerro de oro porque a las personas les gustan los dioses que puedan controlar. Entonces Moisés baja del monte y observa esta abominación. El poder de Dios se ha estado exhibiendo para este pueblo en un nivel que ninguno de nosotros ha visto nunca antes. El Señor dio muerte al hijo primogénito de todo egipcio. Convirtió cada gota de agua en sangre. Dividió el Mar Rojo. Envió plagas de ranas y de langostas. El poder de Dios se había demostrado de manera violenta, radical y visible. Es más, el motivo por el que Moisés subiera solo al monte es que el monte tembló y los israelitas pudieron oír a Dios a la distancia, y se asustaron ante la posibilidad de subir con Moisés. Y a pesar del hecho de que Dios mostró su poder en formas tan profundas, en cuestión de semanas ellos se pusieron a adorar un becerro de oro.

Donde no hay esfuerzo, trabajo o búsqueda de santidad, los encuentros con el poder realmente resultan ser poca cosa. Por esto es que Dietrich Bonhoeffer llama a la vida de pereza y apatía acerca del evangelio, una creencia en "gracia barata". Creer en la gracia radical no hace que las personas se alejen de Cristo con pasión, a pesar del hecho de que esa gracia significa que somos salvos aparte de cuán apasionada o desapasionada sea nuestra búsqueda. Si creyéramos de veras que somos salvos aparte de nuestras obras, trabajaríamos más duro por pura gratitud y adoración. Esto no es lo mismo que (y se debería distinguir continuamente de) trabajar duro por la aprobación de Dios. Es la diferencia entre obedecer *para ser* aceptado y obedecer porque *somos* aceptados.

Por tanto, está bien establecer metas espirituales. Es bueno querer crecer en conocimiento de las Escrituras. Y no es contrario a la obra de la gracia planificar en este sentido. En realidad es bastante apropiado que la gracia resulte en extendernos hacia adelante y proseguir.

Mientras más nos adentremos en la gracia, más entenderemos realmente esto. Las obras no son gracia, pero las obras no son incompatibles con la gracia. Fue Juan Calvino quien expresó: "Somos salvos solo por medio de la fe, pero no por una fe que está sola". Así como la gracia de Dios produce nuestra fe, corroboramos nuestra fe por medio de las obras. Santiago 2:26 afirma esto: "Porque como el cuerpo sin espíritu está muerto, así también la fe sin obras está muerta".

Finalmente, aunque algunos de los altivos quieran enfrentar la gracia con el esfuerzo, y si bien no somos salvos *por* nuestro esfuerzo y en realidad somos salvos *de* nuestro esfuerzo, también somos salvos *para* esforzarnos, para esforzarnos a ir tras Cristo. No es cristianismo avanzado evitar los mandamientos de

Dios y la búsqueda de santidad; al contrario, debemos tratar de entender la tensión dinámica entre la gracia y el esfuerzo. Respecto a todo ese esfuerzo y trabajo, Pablo escribe: "Esto mismo sintamos; y si otra cosa sentís, esto también os lo revelará Dios" (Fil. 3:15).

CAPÍTULO OCHO

CENTRADO EN EL EVANGELIO

Mas nuestra ciudadanía está en los cielos (Fil. 3:20).

Dondequiera que voy, todos los que encuentro quieren nueva revelación. No se me ocurre una mejor manera de ponerlo que esa. La mayor parte del tiempo, todos queremos saber qué viene a continuación, qué hay aquí y qué viene ahora.

¿Has visto el comercial de televisión en que a un hombre le están entregando frente a su casa su nuevo televisor de pantalla gigante, y en ese mismo instante pasa un camión con un anuncio del *nuevo* y más reciente televisor? El sujeto queda boquiabierto. No queremos la tecnología de ayer. Y tendemos a no querer las noticias de ayer. Internet es fabulosa en cuanto a esto… o terrible, dependiendo de tu perspectiva. Es muy difícil mantenerse al tanto de lo que está ocurriendo, así que nos conectamos a Internet y nunca nos desconectamos. Por eso es que hablamos con la cabeza agachada, pegados a nuestros teléfonos. No queremos perdernos ningún detalle. Que Dios no permita que averigüemos algo horas después que ocurra. El cielo nos ayude si tenemos el modelo más antiguo de un vehículo particular.

Esta dinámica también se da en la iglesia. En general no queremos las cosas viejas. Queremos lo nuevo. Queremos nueva revelación. Por lo que, a pesar de que ninguno de nosotros ha llegado a dominar las Escrituras, decimos cosas como: "Dios no me ha estado hablando últimamente". Lo que queremos decir es: "Dios no me está dando la línea directa de información privilegiada adaptada para mí".

Nuestro lamento en cuanto al "silencio" de Dios mientras nuestra Biblia sigue imperturbable es en realidad bastante revelador, porque queremos nueva revelación mientras al mismo tiempo nos negamos a ser obedientes a lo que ya sabemos. Exigimos que se nos enseñe algo nuevo.

Sin embargo, no tiene ningún sentido graduarse en una clase avanzada cuando no hemos aclarado los conceptos básicos. En términos bíblicos, lo que llamamos lo básico del cristianismo (el evangelio de Jesucristo) ¡es en realidad tanto el nivel de principiantes *como* la clase avanzada! En la iglesia, creo que a menudo se nos confunden la leche y la carne. Creemos que teorías de los últimos tiempos y otras especulaciones teológicas son la carne, cuando es el evangelio sencillo el que se mantiene ofreciendo mayores profundidades de sabiduría y visión a lo largo de la vida cristiana. Y es este evangelio sencillo el que se mantiene ofreciéndonos sabiduría más profunda si persistimos en él.

Por eso Pablo vuelve a donde empezamos el evangelio al final de Filipenses 3. Esta es una "señal" para nosotros, una pausa, y tiene como fin impedir que nos anticipemos a nosotros mismos. Considera esto:

> Así que, todos los que somos perfectos, esto mis-
> mo sintamos; y si otra cosa sentís, esto también
> os lo revelará Dios. Pero en aquello a que hemos
> llegado, sigamos una misma regla, sintamos una
> misma cosa (Fil. 3:15-16).

Pablo se detiene. Él pone esta señal en su lugar en el texto. Básicamente está diciendo: "Caramba. Antes de hablar más, recordemos lo que ya hemos alcanzado. Recordemos que lo primero es primero. Aferrémonos a lo que se nos ha dado".

Aquí encontramos otro recordatorio de la importancia de lo que podríamos llamar "centralidad del evangelio". ¿Por qué es importante centrarse en el evangelio de Jesucristo?

En primer lugar, debemos mantener el evangelio delante de nuestros ojos porque recibimos a Cristo en el evangelio, y se nos dice que fijemos nuestros ojos en Él (He. 12:2). Es al contemplar a Jesús que somos transformados (2 Co. 3:18), así que tiene sentido mantener nuestra mirada fija en Cristo.

Hay otra razón de que queramos centrarnos en el evangelio: porque es allí donde hallamos el poder para la vida cristiana. Romanos 1:16, 1 Corintios 1:17, Efesios 3:17, y 1 Tesalonicenses 1:5 confirman esto. Colosenses 1 nos recuerda que el evangelio va por delante del mundo y lleva fruto. En 1 de Corintios 15 se nos recuerda que el evangelio no es solamente lo que recibimos, sino el poder en que actualmente vivimos y por el cual continuamos para ser salvos. Y ya que vemos en todo el Nuevo Testamento que incluso nuestra fe es un regalo de la gracia de Dios, y que todo imperativo de obediencia se encuentra ligado a un indicativo del evangelio, deseamos permanecer enfocados en este a fin de ser capaces de seguir a Dios. El poder para caminar por fe en obediencia proviene de la gracia del evangelio. Por tanto, entonces: en todo nuestro trabajo, esfuerzo, tensiones y presiones, "sigamos una misma regla, sintamos una misma cosa". O retengamos "la palabra", como Pablo escribe en 1 Corintios 15:2.

Está claro que centrarse en el evangelio de Jesús es imperativo para crecer en la vida cristiana y en la búsqueda apasionada de Jesús. Martín Lutero declara: "Más necesario es... que conozcamos bien este artículo, lo enseñemos a otros, y les golpeemos continuamente la cabeza con él".[1] O, como Tim Keller afirma, el evangelio no solo es el ABC de la vida cristiana sino el manual de la A a la Z.

Al concluir el tercer capítulo de Filipenses vemos a Pablo presentándonos esencialmente tres maneras de centrarnos en el evangelio. Por supuesto, estos no son los únicos medios para la centralidad del evangelio, sino que son las tres maneras principales y bastante prácticas, aspectos que podemos implementar o traer a la mente con buenos y regulares recordatorios. Los tres medios de centralización del evangelio que Pablo resalta aquí son los siguientes: comprometernos con el discipulado, recordar nuestra ciudadanía, y esperar con ilusión el cielo.

---

1. Martín Lutero, *A Commentary on St. Paul's Epistle to the Galatians* [*Comentario a la Epístola de San Pablo a los Gálatas*] (Londres: Mathews and Leigh, 1807), p. 58. Publicado en español por Editorial CLIE.

COMPROMETERNOS CON EL DISCIPULADO

A lo largo de la carta a los Filipenses, Pablo ha estado ofreciendo ejemplos para seguir. En el capítulo anterior analizamos cómo el hecho de vivir en cercanía íntima con hermanos y hermanas que no son como nosotros, es decir, que son fuertes en aspectos en que somos débiles, puede beneficiar nuestro crecimiento en Cristo y nuestro desarrollo de una insatisfacción santa. No obstante, aquí el enfoque está en modelar, en que nos entrenemos. Una característica del cristianismo maduro es el discipulado: hacer discípulos y ser discipulado. Aquí es a donde Pablo se dirige en Filipenses 3:17: "Hermanos, sed imitadores de mí, y mirad a los que así se conducen según el ejemplo que tenéis en nosotros".

Pablo no es tímido a la hora de ponerse como ejemplo. Pero no está alentando esto para que la iglesia se llene con clones de Pablo. La mejor manera de tomar esta instrucción se halla explícitamente en 1 Corintios 11:1: "Sed imitadores de mí, así como yo de Cristo". Algunas versiones traducen así este versículo: "Sigan ustedes mi ejemplo, como yo sigo el ejemplo de Cristo". La implicación es que Pablo quiere que las personas lo sigan hasta el punto en que él esté enseñándoles a seguir a Jesús. Deberán dejar de seguirlo si él deja de guiarlos hacia Jesús (Gá. 1:8; Hch. 17:11).

Este es un paradigma para el discipulado. "Sed" connota actividad, una relación. En otras palabras, no podemos ser discipulados a la distancia. "Imitadores de mí" expresa el nivel de entrenamiento involucrado. Pablo está modelando el discipulado cristiano y, al "copiarlo", en cierto sentido, sus propios discípulos terminarán también siguiendo a Cristo. "Mirad a los que así se conducen según el ejemplo que tenéis en nosotros" significa analizar las vidas (creencias, costumbres, hábitos, temperamentos, fruto) de cristianos maduros a fin de aprender a desarrollar sus creencias, costumbres, hábitos, temperamentos y fruto.

En una carta a uno de sus discípulos llamado Tito, Pablo explica con detalle un poco más cómo podría ser esto:

> Pero tú habla lo que está de acuerdo con la sana doctrina. Que los ancianos sean sobrios, serios, prudentes, sanos en la fe, en el amor, en la paciencia. Las ancianas asimismo sean reverentes en su porte; no calumniadoras, no esclavas del vino, maestras del bien; que enseñen a las mujeres jóvenes a amar a sus maridos y a sus hijos, a ser prudentes, castas, cuidadosas de su casa, buenas, sujetas a sus maridos, para que la palabra de Dios no sea blasfemada. Exhorta asimismo a los jóvenes a que sean prudentes; presentándote tú en todo como ejemplo de buenas obras; en la enseñanza mostrando integridad, seriedad, palabra sana e irreprochable, de modo que el adversario se avergüence, y no tenga nada malo que decir de vosotros (Tit. 2:1-8).

En todo el Nuevo Testamento aprendemos el importante recordatorio de que nuestra fe, aunque personal, nunca fue destinada a ser privada. Tengo una relación personal con Jesucristo.

Pero la finalidad de esa relación personal con Cristo nunca fue que se llevara a cabo en la privacidad de mi propia mente y mi propio corazón.

Al vivir mi fe me convierto en ejemplo para otros en seguir a Cristo. Y cuando otros avanzan más que yo al vivir con valentía su fe, se convierten en ejemplos para mí. En la iglesia hablamos mucho de "comunicar nuestra fe" y de "ser un buen testimonio", generalmente cuando estas prácticas se aplican a la evangelización. Pero hay una necesidad muy real de hablar continuamente de nuestra fe con nuestros hermanos y hermanas, de ser testimonio día tras día, incluso para los ya convertidos. Debemos mantenernos evangelizándonos unos a otros. En realidad, como Dietrich Bonhoeffer expresa en su libro sobre la comunidad cristiana *Life Together* [Vivir juntos], debemos cumplir con los demás como portadores del evangelio. Unos y otros necesitamos el mensaje de Cristo.

Pablo se pone aquí como ejemplo e insta a los filipenses a buscar otros cristianos de los cuales aprender. Hoy día no tenemos menos necesidad de discipulado. A pesar de tanta información que tenemos en toda forma, desde libros hasta blogs, aún necesitamos que ejemplos vivos nos entrenen, es decir, mentores en la fe que nos servirán al caminar con nosotros. Es responsabilidad nuestra hallar personas que podamos discipular, y es responsabilidad nuestra ser discipulados.

Tú y yo debemos identificar a hombres y mujeres piadosos para entonces ponernos bajo su tutela.

Esto podría ser más difícil para algunos de nosotros que para otros. Tal vez vayas actualmente a una iglesia o vivas en una región donde sea difícil de alguna manera hallar cristianos maduros. Sé que esto pasa. He estado en lugares donde si oyera algo como esto, pensaría: *Te escucho, Pablo. Pero tales cristianos no se encuentran por aquí.*

Aunque con mucha cautela, sigo creyendo que depende de nosotros hacer un esfuerzo por encontrarlos.

Quizás debas viajar. Tal vez tengas que ajustar tu horario de manera poco práctica. De todos modos, el discipulado es tan importante como para realizar esos esfuerzos.

Como sabes, vivimos realmente en una gran época. Una vez mi esposa y yo íbamos a almorzar y descubrimos que la carretera que debíamos tomar había sido bloqueada. Así que Lauren agarró el teléfono y pulsó un botón. El teléfono nos dijo a dónde ir. Pulsando un botón obtuvimos una indicación que nos dijo algo como: "Vire a la izquierda aquí. Ahora gire a la derecha". Cuando menos lo pensé, me hallaba comiendo una hamburguesa realmente buena y bebiendo un batido de mantequilla de maní.

Con todas las formas posibles de conectarnos, con todos los avances que tenemos para aprender y relacionarnos, creo que en realidad es más fácil que nunca encontrar cristianos de quienes aprender. Siempre es mejor hallar cristianos con los que puedas estar en comunidad. Cristianos a quienes puedas ver con regularidad. Pablo declara: "Fíjense también" en ellos (Fil. 3:17). Pero es posible que estés en un lugar desierto donde seas el único cristiano en la región; entonces podrías leer libros de hombres y mujeres sabios, y quizás escuchar sus sermones. ¡Caramba, podrías seguirlos en Twitter! Una vez más, la comunidad virtual no es un sustituto para la intimidad de la verdadera comunidad.

No deberías hacer que tu pastor sea un *podcast* ni que tu discipulador sea un *tweeter*, pero estas siguen siendo maneras válidas para aprender, prepararse y crecer.

Sin embargo, tú puedes identificar a los seguidores maduros que pueden ayudarte a seguir más íntimamente a Jesús. Acércate a ellos tanto como puedas, tan cerca como te lo permitan.

Pero he aquí una advertencia y quizás un poco de alivio. Podría ser inteligente de tu parte buscar cristianos que tengan aspectos de fortaleza en que necesites equipamiento y ejemplo. Lo que quiero decir es que a veces paralizamos nuestro proceso de discipulado porque buscamos un ejemplo de algún paquete total de piedad. Y desde luego que esas personas a menudo son muy difíciles de hallar. Podríamos estar buscando al tipo que sea fluido en griego koiné o que tenga impresos en su pared todos los gráficos de los últimos tiempos. Pero buscar a estos individuos podría convertirse en un proceso largo y difícil. No creas que deberías hallar algún cristiano perfecto al cual seguir.

No pases por alto a los cristianos "promedio" a tu alrededor que en algunos aspectos podrían estar avanzando más que tú. Tal vez algún individuo que conoces no sea el mejor teólogo del mundo, pero ama a su esposa como las Escrituras ordenan. Quizás sea una buena idea llevarte con ese tipo. Tal vez haya un individuo que ame a sus hijos como Jesús ordenó hacerlo. Estar con él podría ayudarte a amar así a tus hijos y aprender cómo hacerlo. Quizás no te criaste en un hogar sano. Así que tal vez puedas obtener tu teología de algunos libros de escritores ya fallecidos, y así aprendes en la casa de alguien a ser más un esposo y padre.

En todo caso, una forma que Pablo indica de "mantenerse firmes" al evangelio es empezar a entrenarse en cómo aplicar las enseñanzas a la vida cotidiana participando en una relación de discipulado.

RECORDAR NUESTRA CIUDADANÍA

Hay otro aspecto en la amonestación de Pablo con relación a que "sigamos una misma regla, sintamos una misma cosa" en nuestra búsqueda apasionada de Cristo. Se trata de entender quiénes somos en Cristo.

Me resulta difícil recordar claramente, pero papá estuvo en la Marina y luego en el servicio de guardacostas, por lo que viajaba mucho. En el círculo en que nos encontrábamos, a nadie le importaba mucho el deporte. Las ligas menores duraban una temporada, pero cuando esta terminaba, todo el mundo se dedicaba a lo suyo y jugaba cualquier deporte que fuera el siguiente en las ligas de la ciudad. Las cosas no eran como hoy día en que se puede jugar fútbol todo el año y béisbol casi todo el año. Simplemente, las cosas no eran así en ese entonces.

Jugué un poco de béisbol cuando era chico pero, en realidad, no me interesaron los deportes hasta la secundaria. Lo que aprendí casi inmediatamente fue que podía correr rápido en línea recta, pero que si trataba de moverme a izquierda o derecha, de girar, de detenerme o de hacer cualquier otra cosa mientras corría en línea recta, entonces las cosas se me ponían difíciles para mí. Me caía, me rompía un brazo, me tropezaba con un obstáculo o algo por el estilo. Bromeé durante años acerca de que yo tenía un raro desorden llamado "flacura descoordinada". Básicamente parecía haber alguna clase de desconexión entre el cerebro y las fibras musculares de contracción rápida en mi cuerpo. Por eso, mientras corría a toda velocidad, yo pensaba: *Giro a la izquierda,* y mi cuerpo se confundía en si me refería a la derecha o la izquierda, perdía el control y caía. Esa fue más o menos mi experiencia atlética.

Estudié en un colegio predominantemente de gente de raza negra y jugué al fútbol americano y baloncesto. Varios de mis amigos llamaron a mi estilo de juego: "el blancucho apurado". Yo daba todo de mí pero, por lo general, no me iba muy bien. Normalmente eso no es gran cosa, incluso hoy día no es gran cosa, excepto que al empezar la secundaria comienzas a tratar de averiguar quién eres fijándote en todos los demás. Empiezas a tratar de descubrir tu identidad.

Puedes ver desarrollarse esto al mirar cualquier programa de televisión acerca de adolescentes, o puedes estudiar a tus propios adolescentes. Ellos empiezan a pensar: *Muy bien, ¿soy un atleta? ¿Soy inteligente?* y, *¿Con qué grupo estoy? ¿Con qué grupo no estoy?* Hay incluso estos grupos que se vuelven antigrupos. Cuando estaba en el colegio, estos últimos eran los chicos góticos que se juntaban y eran antisociales inconformistas de un modo similar.

En la adolescencia todos empezamos a tratar de averiguar: *¿Quién soy yo, y cómo encajo en el mundo?* Lo que suele ocurrir es que creemos que esta búsqueda de identidad y de un grupo al cual pertenecer desaparece cuando vamos a la universidad, y aún más cuando salimos de la universidad y entramos a la supuesta "vida real".

Pero no creo que eso sea cierto.

Opino que seguimos definiéndonos y redefiniéndonos en una base continua. Seguimos definiéndonos a través de nuestros trabajos y según donde estos caen en la escala socioeconómica. Seguimos definiéndonos por la forma en que estamos hechos física y emocionalmente. Seguimos definiéndonos en estas maneras realmente limitadas y finitas.

Lo que he notado en Dallas, y estoy seguro de que lo mismo será cierto donde tú vives, es que tenemos personas que se definen por el trabajo que tienen. Estos individuos *son* su trabajo. Una de las primeras preguntas que los hombres se hacen entre sí es: "¿Qué hace usted?". Esto se debe a la suposición tácita de que lo que haces para ganarte la vida les dice a las personas qué y quién eres.

Si no tenemos cuidado, nos definiremos por las casas en que vivimos o por docenas más de cosas externas y temporales. Para algunas personas, toda su identidad y sentido de autoestima se levantan alrededor de su casa, su trabajo, sus hijos, su habilidad para vestirse de cierto modo, o su nivel de condición física. Es más, la mayoría de regímenes de condición física tienen todo que ver con vanidad y muy poco que ver con verdadera salud. Por eso es que vemos a un individuo haciendo flexiones de bíceps y *press* de banco todos los días en el gimnasio. Esto no indica que él luche con su calidad de alimentación, sino solo que este sujeto quiere lucir bien en la piscina. En realidad no se trata de estar en forma, se trata de identidad.

Cada día comunicamos: "Quiero lucir de esta manera; quiero que me perciban de este modo", o incluso: "Quiero que los demás tengan envidia de esto que tengo", sea eso tu trabajo, tu auto, tu casa, o cualquier otra cosa. De ahí que este deseo de identidad en realidad nunca se va, solo cambia. Ya no se trata de "los atletas contra los muchachos artistas contra los niños inteligentes". Se convierte en algo que comunica: "Estoy en la clase alta, soy blanco, conduzco un BMW, tengo una casa de cinco habitaciones con una sala de juegos y otra con un equipo de entretenimiento". Después obtienes la identidad egocéntrica de trabajador que transmite: "No soy ningún afeminado que conduce un BMW, come caviar, y que es flojo sorbiendo champaña. Soy un verdadero tipo cervecero, de hamburguesa de queso de dos dólares". Por tanto, también te enorgulleces en ese otro lado por *no* ser el otro individuo.

Lo que la Biblia nos dice una y otra vez, y de lo que Pablo nos habla en los versículos finales de Filipenses 3, es que averigüemos quiénes somos no según lo externo sino lo interno. En lugar de definirnos basándonos en lo que hacemos o no hacemos, el evangelio nos recuerda continuamente lo que Cristo ha hecho. Por tanto, la identidad del cristiano se construye por completo en Él y en nada más.

Cuando buscamos determinar la esencia de nuestra identidad al margen de Jesús, en realidad caemos en la idolatría. En este sentido, la idolatría expresa: "No me dejaré definir por Dios; me definirán otras cosas como mi auto, mi casa, etc.". Empiezas a aferrarte tan fuertemente a esas cosas que, cuando Dios las quiere, no las entregas porque crees que ellas definen quién eres. No querrás despojarte de tu dinero o vivir un estilo de vida más sencillo por el bien del reino, porque has construido tu identidad sobre esas cosas que has acumulado a tu alrededor. Pablo muestra así el contraste de identidades entre aferrarse a la verdad del evangelio y participar en idolatría:

> Porque por ahí andan muchos, de los cuales os dije muchas veces, y aun ahora lo digo llorando, que son enemigos de la cruz de Cristo; el fin de los cuales será perdición, cuyo dios es el vientre, y cuya gloria es su vergüenza; que sólo piensan en lo terrenal. Mas nuestra ciudadanía está en los cielos (Fil. 3:18-20).

En este pasaje, quienes van tras ídolos se fijan en cosas terrenales. Su dios es su vientre. En otras palabras, hacen lo que quieren, cuando quieren, y como quieren. Buscan *total* complacencia en cualquier cosa que sienten hacer, en aquello que les hace sentir bien o que los satisface temporalmente.

En contraste, Pablo insta a la iglesia en Filipos a recordar la vida a la que fueron llamados, a recordar a Aquel a quien se unieron y el lugar en que se halla su verdadera ciudadanía. En resumen, quiere recordarles su identidad. Si tu ciudadanía se basa en el mundo, tiene sentido vivir en maneras mundanas. Pero si tu ciudadanía se halla en el cielo, no tiene sentido vivir en maneras mundanas. Es más, tiene más sentido vivir como un forastero o como un exiliado e identificar los caminos consumistas y materialistas de este mundo "extraño".

Cuando vivimos como si este mundo fuera todo lo que existe, como si nuestra esperanza estuviera en cosas que se oxidan y se pudren, no nos mantenemos fieles al evangelio que hemos alcanzado, sino a tesoros que no perduran. Por tanto, una manera de mantenernos enfocados en el evangelio es recordarnos constantemente nuestra verdadera ciudadanía, nuestra identidad. Somos personas que nos hemos unido a Cristo. Estamos escondidos con Él en Dios (Col. 3:3). Estamos sentados con Él en los lugares celestiales (Ef. 2:6).

Cristiano, recuerda tu ciudadanía.

Recuerda quién eres.

Ya que "hacer" fluye de "ser", y puesto que de la forma en que vivimos naturalmente obtenemos como resultado quiénes sabemos que somos, es importante pensar en el evangelio de este modo todo el tiempo. Debido a la obra de Cristo hemos sido rescatados de la idolatría de las cosas terrenales. Nuestro Dios es el único Dios verdadero, y en Él tenemos total satisfacción y seguridad eterna.

Y es en esa nota celestial que nos volvemos hacia el tercer medio de centrarnos a diario en el evangelio.

ESPERAR CON ILUSIÓN EL CIELO

Pablo llama "la esperanza bienaventurada" al regreso del Señor (Tit. 2:13). ¿Por qué? Porque sabe que, en esta difícil vida de pecado y abnegación, una gran recompensa en el horizonte genera una hermosa motivación para ir de manera apasionada tras Cristo. Aquí es exactamente donde Pablo se dirige al final de Filipenses 3:

> Mas nuestra ciudadanía está en los cielos, de donde también esperamos al Salvador, al Señor Jesucristo; el cual transformará el cuerpo de la humillación nuestra, para que sea semejante al cuerpo de la gloria suya, por el poder con el cual puede también sujetar a sí mismo todas las cosas (vv. 20-21).

Aunque nos extendamos hacia lo que está por delante, los cristianos vivimos en un período de espera. Aguardamos el regreso de Jesucristo. Pero esta no es una espera inactiva. Es una expectativa llena de esperanza, y estamos llamados a vivir como si este regreso fuera inminente, aunque podría haber un largo camino por recorrer.

D. A. Carson escribe:

> En los términos más fuertes, Pablo insiste que el verdadero cristianismo, del tipo que desea ser imitado, vive a la luz del regreso de Jesús. Es la clase de cristianismo que, en cada generación, une a la Iglesia en el clamor: "Amén; sí, ven, Señor Jesús" (Ap. 22:20). En resumen, se trata del cristianismo que se está preparando para el cielo, porque allí es donde se halla nuestro verdadero hogar, nuestra ciudadanía, nuestra verdadera identidad. Esa sola posición es suficiente para hacer prudente y razonable la actitud de Pablo hacia el sufrimiento. Si la alegre identificación

con Cristo y sus sufrimientos en este mundo finalmente fluyen en la espectacular gloria del regreso del Señor y en el esplendor que sigue, entonces en una forma de algún modo análoga nosotros también somos reivindicados con la propia reivindicación de Cristo.[2]

Lo que el apóstol quiere que hagamos es que vivamos como si el reino de los cielos se hubiera acercado realmente, según Jesús dijo que había ocurrido. Como si en algún sentido ese reino en realidad estuviera viniendo para, en Cristo y a través de Él, plasmarse en la historia. Una manera de vivir de ese modo es mantener nuestra cabeza en alto y nuestra imaginación llena con la gloria que ciertamente vendrá.

Apocalipsis 15:3 siempre me ha fascinado. La gente que asiste a The Village Church sabe que se trata de un texto del que hablo todo el tiempo. Básicamente dice que en el cielo cantaremos el cántico de Moisés. Recuerdo mi primer encuentro con ese texto cuando me pregunté: *¿Por qué cantaremos en el cielo acerca de Moisés?* Me refiero a que ni siquiera hacemos eso en la iglesia.

El versículo me obsesionó mientras intentaba descifrarlo, y recuerdo cómo las piezas comenzaron a encajar. Yo estaba leyendo esta historia en el Evangelio de Lucas. Una mujer de la "ciudad" se topa con Jesús, quien está cenando con los fariseos. Ella abre la puerta y todas las miradas en la sala se le posan. La mujer

---

2. D. A. Carson, *Basics for Believers* (Grand Rapids, MI: Baker, 1996), p. 93.

mira alrededor de la sala y ve a Jesús. E incluso, antes de llegar hasta donde Él, comienza a sollozar. Cae a los pies del Señor. Abre su frasco de perfume y empieza a derramarlo en la cabeza y en los pies de Jesús. Los discípulos y los fariseos comienzan a quejarse, diciendo: "Si este supiera qué clase de mujer es esta, no dejaría que lo tocara".

Entonces Jesús, conociendo los pensamientos de ellos, levanta la mirada y declara: "¿Por qué hablan de ese modo? Cuando entré, no me dieron una palangana. No me ungieron la cabeza. Ni me ungieron los pies. Esta mujer ha hecho algo hermoso" (Lc. 7:44-48, paráfrasis del autor).

Aquí es donde Apocalipsis 15:3 comienza a tomar sentido para mí. Jesús expresa: "En cualquier parte del mundo en que el evangelio se predique, la historia de esta mujer se contará" (Mr. 14:9, paráfrasis del autor).

Eso ocurrió hace más o menos dos mil años. Y acabo de contar esa historia como Jesús dijo que se haría. La visión que Él les dio a sus discípulos y a los fariseos (*y que nos está dando*) es la que estamos viviendo. Seguimos adelante. Este mundo no es el final.

Dada la eternidad del evangelio y el gozo celestial, no es muy difícil creer que un día, en que todo se haya dicho y hecho, todos estaremos sentados en la mesa del banquete del Cordero y tendremos la copa de vino nuevo en la mano. Estaremos disfrutando los ricos alimentos del más allá, y celebraremos todo lo que Cristo ha hecho. En ese día no es muy difícil creer que Moisés se pondrá de pie, levantará la copa en un brindis al Señor, y dirá: "Cristo hizo esto. Y esto más. E hizo aquello. Además hizo esto otro…". Hablará sin parar, volviendo a platicar acerca de la fidelidad de Dios para con él y su generación una y otra y otra vez. ¿No estallará de alegría la multitud en ese momento? Incalculables miles de millones de nosotros levantaremos las manos y vitorearemos, y haremos tintinear nuestras copas en una auténtica fiesta de alabanza.

Entonces el gran Abraham se levantará para dirigirse a las multitudes en la fiesta, y comenzará a relatar la histórica bondad de Dios: "Él hizo esto. E hizo eso. Hizo aquello". Abraham continuará sin parar, contando historias que conocemos y algunas que no hemos oído, pero con su recuerdo de primera mano y su gozo personal en la fidelidad divina. Luego la multitud volverá a alegrarse, gritando en voz alta con felicidad y estruendosa alabanza. No sé al lado de quién me sentaré, pero planeo correr alrededor y actuar tan libremente como en realidad soy. Planeo darle un buen saludo a Calvino, a Agustín un tremendo abrazo, y un buen apretón de manos a Bonhoeffer. Y todos beberemos y seguiremos adelante. Y los discursos continuarán. No habrá limitación de tiempo. Entonaremos juntos los cánticos de los santos, hablando en ese glorioso momento eterno acerca de cuán fiel fue Dios en su gracia para con los pecadores quebrantados.

¿Podrá ser que el primer millón de años estarán dedicados solo a beber vino y contar estas historias?

Tal vez esta mujer (vista en la Tierra a través de ojos empañados como una mujer de la noche, y ahora en el cielo en su estado glorificado vista claramente por su identidad en Cristo) se levante temblando con alegría, con lágrimas de gozo (¡no de dolor!) en los ojos para manifestar: "Él me dejó tocarle los pies.

Me permitió tocarle la cabeza. Además defendió mi dignidad frente a hombres inicuos".

¿Es descabellado pensar que debamos vivir para *ese día*?

Cuando ya no exista la historia del mundo que conocemos, y ya no haya grandes reyes, grandes guerras, ni grandes maquinaciones políticas; cuando no haya historias de naciones para apreciar, ni más dólares; cuando ya no se levante más el fuerte contra el débil, y lo único que quede sea la historia del gran Dios y Rey; cuando todo se haya enderezado, y los héroes sean los misioneros y los ministros de la gracia (de la que pueden ser parte todos los creyentes) y nuestros ojos contemplen a Dios como en realidad es... *faltarán las palabras.*

Allí es donde nuestro corazón debe estar.

Pero no estamos allí. Y sin embargo, sí lo estamos.

Esperemos ese día con expectativa y ansiedad. Fijemos la mirada en el cielo, donde nuestra ciudadanía está asegurada, donde actualmente estamos unidos a Cristo en espíritu.

Solo mantengámonos fieles a lo que ya hemos alcanzado.

Y alcanzaremos las promesas celestiales.

CAPÍTULO NUEVE

¿REGOCIJARSE?

El Señor está cerca (Fil. 4:5).

Al parecer, dos mujeres en Filipos estaban teniendo un desacuerdo. No tenemos muchos antecedentes sobre la naturaleza de la discrepancia, pero Pablo empieza el capítulo cuatro de Filipenses instándolas a hacer las paces, a dejar de lado cualquier desacuerdo que tuvieran, y a buscar la paz entre ellas. Les dice frente a los demás: "Ruego a Evodia y a Síntique, que sean de un mismo sentir en el Señor" (Fil. 4:2).

¿Por qué haría esto Pablo en tal momento de la carta? Él ha pasado por una seria exposición del evangelio y ha preparado su argumento en amor y afecto para con la apasionada búsqueda de Cristo, el cultivo de la insatisfacción santa, la búsqueda de la salvación en el esfuerzo motivado por la gracia, y el enfoque en el evangelio. Después de todo eso, el apóstol solicita entonces, de modo enfático, que Evodia y Síntique pongan en acción todo aquello reconciliándose. Incluso pide al resto de la iglesia que las ayuden: "Asimismo te ruego también a ti, compañero fiel, que ayudes a éstas que combatieron juntamente conmigo en el evangelio, con Clemente también y los demás colaboradores míos, cuyos nombres están en el libro de la vida" (Fil. 4:3).

¿Por qué le importaría a Pablo que todos se llevaran bien o no?

La razón principal es esta: él sabe que una iglesia dividida es un testimonio terrible. Cuando en una iglesia las personas ven ira, disensión, incapacidad para reconciliarse y preservación de rencores, no visualizan la belleza de Cristo. Por tanto, esa sería la razón principal. Pero es más bien curioso hacia dónde Pablo se dirige a continuación.

Otra razón de por qué el apóstol instó a la iglesia a poner en práctica la fe en gracia hacia la unidad en la comunión entre unos y otros se debe a que él sabe que esto produce gozo. Aferrarnos a nuestras armas relacionales, conservar rencores, dar a los demás lo que merecen... todas esas cosas podrían brindarnos sensación petulante de satisfacción, pero no pueden producir gozo verdadero, profundo y perdurable.

Cuando los miembros de una iglesia convivan en la unidad del evangelio y juntos buscan la edificación mutua en amor, proveen la tierra fértil para encontrar raíces de gozo profundo.

Pero Pablo no les dice que se sientan felices. No les está pidiendo que produzcan una falsa sensación. Más bien los anima a llegar a un acuerdo, y luego les ordena una acción específica como respuesta lógica: "Regocijaos en el Señor siempre. Otra vez digo: ¡Regocijaos!" (Fil. 4:4).

Es tan importante que él les ordena esto dos veces en la misma frase. Les dice, y nos dice, que nos regocijemos otra vez, en caso de que le hayamos hecho caso omiso la primera vez o que hayamos estado tentados a pasar por alto este punto.

Hay dos puntos cruciales de información en Filipenses 4:4 que nos ayudan a entender este gozo que Pablo nos ordena manifestar. El primero es este: debemos regocijarnos "siempre".

—*¿Siempre?*

—Sí, siempre.

—*¿Como cuándo...?*

—Sí, incluso entonces.

—*Y sin embargo, ¿qué hay de...?*

—También entonces.

—*Pero seguramente no...*

—No, también entonces.

—*Espera...*

¿SIEMPRE?

Sí, siempre.

¿No es esta solo una gran idea "de iglesia? ¿No son las consecuencias de este mandato demasiado difíciles para considerarlas razonables?

Un día, cuando mi hijo Reid tenía solo un año de edad, fui de la oficina a casa al mediodía con el fin de sorprender a mi esposa para el almuerzo. Mi esposa es bloguera, y estaba trabajando en un mensaje ese día.

Cuando llego a casa, Reid está durmiendo en la planta alta. Lauren me pide que lea lo que ha escrito antes de publicarlo, así que me siento a darle una mirada. Mientras estábamos allí sentados leyendo y poniéndonos al día, escucho a Reid en el piso superior.

Él no puede salir de su cuna todavía, desde luego, pero algo allá arriba simplemente parece que va mal. No sé si puedas entender eso si no eres padre, pero si lo eres, es probable que sepas exactamente a qué me refiero. Te acostumbras a ciertos sonidos de agitación, de llanto y de que los chicos den vueltas. Sabes qué silencio es normal y cuál no lo es. Y esta vez algo simplemente no parecía que iba bien.

Así que de pronto abro la boca.

Digo: "¿Qué es eso?".

Lauren se dirige a la planta alta. Yo continúo en la computadora para terminar de leer el blog. Mientras examino el mensaje, la oigo gritar como nunca la he oído antes. Ella está gritando a todo pulmón y baja las escaleras cargando a nuestro hijo, quien presenta una convulsión total, está morado y jadea en busca de aire. Él está tratando de respirar, pero no puede.

Tomo a Reid de manos de ella, lo pongo en el suelo y trato de hablar con él, intento sacudirlo, y Lauren empieza a marcar el 9-1-1. El cuerpo de bomberos está casi a una cuadra de nuestra casa, así que mientras mi esposa les habla por teléfono, oigo el sonido de la sirena iniciando el corto recorrido hasta nuestro hogar.

Giro a Reid sobre su costado. No sé si está vivo o agonizando, pero la ambulancia llega allí en ese momento, y los paramédicos me sacan del camino y empiezan a actuar en él. Entonces sacan a Reid a toda prisa y lo colocan en la parte trasera de la ambulancia.

—Solo uno de ustedes puede ir en la ambulancia —nos informan volviéndose a Lauren y a mí.

Pues bien, no sé cómo funciona en tu casa, pero ni siquiera tuvimos una discusión al respecto. No dijimos: "Bueno, ¿qué piensas? ¿Quieres ir?". Mi esposa simplemente se sube a la ambulancia. Ella ni siquiera se vuelve. No me mira. No asiente. Solo sube a la ambulancia.

—Síganos —me dicen entonces los paramédicos.

Así que corro y me subo a mi auto. Los paramédicos cierran la puerta de la ambulancia. *Pum,* y parten. No sé a qué hospital están yendo. Rápidamente enciendo el auto, arranco tras ellos, y los sigo durante quizás el primer kilómetro. Recuerda que ellos tienen sirena, yo no. Por tanto, no pasa mucho tiempo para que me aísle y nos separemos.

No sé a dónde voy. No sé a dónde están yendo ellos. Tampoco puedo conseguir que Lauren conteste su teléfono celular. Y no sé si mi hijo de un año de edad está a punto de morir.

¿Te regocijas entonces? Porque Dios *no* está diciendo a través de Pablo: "Regocíjate cuando todo esté saliendo bien". Él dijo: "Regocíjate siempre". "Siempre" incluye cuando ponen a tu hijo en la parte trasera de una ambulancia. O cuando eres tú a quien ponen allí.

Regocíjate en el Señor. Siempre. Y otra vez digo: regocíjate.

Necesitamos ayuda entonces, ¿verdad? Quiero regocijarme siempre, pero necesito ayuda el día en que estoy atascado en un semáforo en rojo, que mi hijo y mi esposa se han ido y no tengo idea de a dónde ir, sin saber si él logrará sobrevivir… ¿cómo diablos podría tal vez regocijarme? Por extraordinarias que esas circunstancias puedan ser para algunos de nosotros, siguen siendo situaciones de la vida real, ¿verdad? Quizás no situaciones cotidianas, pero sí cosas de la vida real. Casi todos nosotros hemos tenido momentos de emergencia, tal vez varios.

Cada uno de nosotros sabe que nuestro mundo se puede trastornar con una llamada telefónica. Todo lo que entendemos acerca de la vida y todo lo que damos por sentado como normal puede cambiar en un segundo.

¿Cómo regocijarnos en tales momentos?

Gracias a Dios que Él nos lo dice. Él no deja nada pendiente.

UN GOZO TOTALMENTE RAZONABLE

Los creyentes maduros en Cristo se regocijan en el Señor siempre. Así como Pablo nos sorprende al relacionar el conflicto entre Evodia y Síntique con el regocijo, ¿nos sorprende también que relacione el hecho de regocijarnos siempre (aun en medio de sufrimiento y de dificultad intensa, quizás incluso en medio de la muerte) con… *sensatez*?

Sí. El apóstol escribe: "Vuestra gentileza sea conocida de todos los hombres" (Fil. 4:5).

Bueno, está bien, pero ahora sigo necesitando ayuda. Ya que estoy apelando a la *gentileza* el día en que no puedo encontrar la ambulancia que lleva a mi hijo al hospital, tengo que confesar que es un poco difícil sentirla. En ese momento no actúo de manera razonable. Estoy desesperado. Me estoy derrumbando por dentro. En el caos, el temor y el pánico del momento, no tengo gentileza dentro de mí.

Sin embargo, esta gentileza, o amabilidad en algunas traducciones, no se construye ni se levanta de acuerdo con mis circunstancias. No es así. Por eso es que Pablo puede decir: "Regocijaos en el Señor siempre". La gentileza por la que él quiere que seamos conocidos se erige en el siguiente grupo de palabras en el texto. La línea de pensamiento es como sigue:

"Vuestra gentileza sea conocida de todos los hombres" (4:5).

¿Por qué?

Porque "el Señor está cerca" (4:5).

¿Por qué se regocijan siempre los maduros en el Señor? Ellos pueden ser gentiles en medio de cualquier situación en que se encuentren precisamente porque el Señor siempre está cerca.

La base de esto es doctrinal. La esencia de esto es espiritual. Cuando juntas esos dos aspectos, consigues doxología. Esa palabra *doxología* básicamente proviene de dos expresiones griegas: *doxa,* que significa fe, y *logos,* que significa palabra(s). Literalmente, *doxología* significa "palabras de fe", pero el modo en que se usaba es como alabanza confesional, o como un término de adoración. En el Nuevo Testamento, la palabra griega *doxa* también llega a ser de alguna manera sinónimo de "gloria". Por tanto, una doxología, como la que podrías cantar al final del servicio de adoración en tu iglesia, es una atribución de la gloria de Dios en un canto de alabanza que expresa una verdad doctrinal. La doxología más famosa, a menudo llamada simplemente "La Doxología", dice así:

A Dios, el Padre celestial,
al Hijo, nuestro Redentor,
al eternal Consolador,
unidos todos alabad.
Amén.

Esta doxología es una expresión de alabanza que comunica importantes verdades doctrinales acerca de Dios: Él es la fuente de toda bendición, es el Creador de todas las criaturas, y es una Trinidad.

En la Biblia también hallamos doxologías como esta (Ro. 11:33-36 es un ejemplo), y no debería ser una sorpresa que cuando Pablo desarrolla el bosquejo de las profundidades de las verdades teológicas que el Espíritu le revela, el apóstol estalle en alabanza. Este es el propósito de la teología en cualquier acontecimiento: *adorar*. Si nuestra teología no nos mueve a adorar a Dios en Cristo, no tiene sentido.

En Jeremías 32, el profeta se halla en prisión. Siempre me gusta hablar o escribir acerca de personas en prisión o a punto de morir, simplemente para hacer saber que seguir a Jesús no siempre nos lleva a ser ricos, sanos y a que todo el mundo nos quiera. Hoy día hay un poco de eso; solo quiero señalar continuamente que en realidad, en la Biblia, rara vez, o nunca, las cosas funcionan de tal manera. Por tanto, he aquí uno de esos casos. Jeremías, al igual que Pablo siglos después, dice todo lo que Dios quiere que diga. El profeta ha sido obediente a todo lo que el Señor le ha pedido hacer, y se halla encarcelado por sus propios compatriotas. Los caldeos están a punto de derrotar a Jerusalén.

Por tanto, Jeremías dice: "Arrepiéntanse. Vuélvanse al Señor, o los caldeos dejarán este lugar reducido a cenizas". El hombre reprende y predica una y otra vez. Los ancianos de Israel se cansan del profeta y, por consiguiente, lo llevan a la cárcel.

El fiel Jeremías está preso, y los caldeos se encuentran ante la muralla. Todo está a punto de acabar. Y cuando todo se ha dicho

y hecho, Jeremías va al cautiverio con quienes lo encarcelaron.
Aquellos que hicieron caso omiso a su llamado de arrepentirse y
ver salva a la ciudad.

Echemos ahora un vistazo a lo que Jeremías afirma en 32:17:
"¡Oh Señor Jehová! he aquí que tú hiciste el cielo y la tierra con
tu gran poder, y con tu brazo extendido, ni hay nada que sea
difícil para ti".

Observemos el espíritu en el interior de un hombre que se
halla en un lugar horrible, pero cuya mirada está en Dios y no
en sus circunstancias. Se trata de un hombre que está en un
lugar mucho más difícil del que casi todos nos encontramos en
este momento, y su mirada está puesta en Dios, no en sí mismo.
¿Cuál es su respuesta? Él canta: "¡Ah, Creador de los cielos y la
tierra! Nada es demasiado difícil para ti". ¡Se regocija! Estalla en
doxología, en palabras poéticas de fe.

¿De dónde viene la confianza de Jeremías? Está claro que
no viene de su entorno o de su difícil situación. Él confía en el
poder soberano y en la santa justicia del amoroso Dios y Señor.
El profeta sigue diciendo:

> Que haces misericordia a millares, y castigas
> la maldad de los padres en sus hijos después
> de ellos; Dios grande, poderoso, Jehová de
> los ejércitos es su nombre; grande en consejo,
> y magnífico en hechos; porque tus ojos están
> abiertos sobre todos los caminos de los hijos de
> los hombres, para dar a cada uno según sus ca-
> minos, y según el fruto de sus obras. Tú hiciste

señales y portentos en tierra de Egipto hasta
este día, y en Israel, y entre los hombres; y te
has hecho nombre, como se ve en el día de hoy.
Y sacaste a tu pueblo Israel de la tierra de Egipto con señales y portentos, con mano fuerte y
brazo extendido, y con terror grande; y les diste
esta tierra, de la cual juraste a sus padres que se
la darías, la tierra que fluye leche y miel (Jer.
32:18-22).

El gozo de Jeremías está en la exaltación de Dios, pues le
atribuye todo poder, autoridad y dominio al Señor. Los israelitas
pudieron haber encarcelado a Jeremías, y los caldeos pudieron
haberlo llevado cautivo, pero Dios está en su trono, por lo que
todo está bajo su control soberano. Jeremías reconoce que no
hay nada en todo el universo que el Señor no vigile, nada sobre
lo que no reine y acerca de lo que no proclame acertadamente
como "mío". Todo le pertenece.

Ya que todo es de Dios, si Él quiere algo, ¿qué podrías hacer para impedir que lo consiga? Por ejemplo, si Dios quiere tu
vida, ¿qué vas a hacer, comer espinacas y hacer ejercicio? Adelante, buena suerte con eso. Lo único que tienes que hacer es
navegar en línea y podrás hallar en alguna parte del mundo a
un individuo que murió hoy aunque corría maratones y nunca
comió nada más que pollo y vegetales. Además, tenía poco más
de treinta años. Así que, sí, buena suerte al apostarle a tu inven-
cibilidad en la dieta vegetariana.

Todo le pertenece al Señor.

Mi versículo favorito en la Biblia que habla de esto no es en realidad la referencia a "los millares de animales en los collados" (Sal. 50:10), principalmente porque soy más de ciudad, y los animales me asustan. En vez de eso, me gusta Deuteronomio 10:14: "He aquí, de Jehová tu Dios son los cielos, y los cielos de los cielos, la tierra, y todas las cosas que hay en ella".

Siempre me ha gustado ese versículo, porque si alguna vez has visto las fotos que el telescopio Hubble ha tomado de todos esos hermosos cúmulos de galaxias, puedes visualizar cómo el texto está diciendo: "¿De quién son los horizontes de esos planetas? Esos también le pertenecen a Dios. ¿Los cielos y los cielos de los cielos? ¿Y los cielos de esos cielos? Todos ellos son de Él".

Él es infinitamente rico.

Y entonces pienso en esto: no solo que todo lo que existe le pertenece al Señor, sino que de la nada Él puede hacer más en cualquier momento que quiera. Además lo sustenta todo con su poder.

Es más, Jeremías dice que en realidad Dios espiró las estrellas. ¿Cómo introdujo las estrellas en los cielos? Dios sopló. *Su aliento*. Por tanto, las estrellas continuamente llaman de vuelta nuestra atención a la "divinidad" de Dios en la Creación. No sé qué lees o qué escuchas; sin embargo, ¿sabes que si la Tierra girara solo unos pocos kilómetros por hora más rápido o más lento, entonces la vida como la conocemos sería imposible? Sí, si la temperatura del sol fuera diferente en uno u otro sentido, la vida en este planeta sería casi imposible.

¿Te das cuenta de los miles de millones y de billones de cosas que se deben gobernar para que la vida se sustente de alguna manera? ¿Sabes lo complejo que eres como individuo? Los científicos, los médicos y las personas que miran el cuerpo humano se quedan constantemente perplejos ante lo que el cuerpo humano puede hacer. Por eso es que obtienes estadísticas y curvas de distribución, porque en definitiva los médicos y científicos suponen basándose en los datos que tienen. Adivinan basados en una franja de personas. ¿Cómo es posible eso? Ellos abren el cuerpo humano, ¿verdad? No estamos en el siglo XV o XVI. A los científicos y médicos se les permite estudiar el cuerpo humano sin ninguna culpa o vergüenza, sin ninguna clase de religiosidad tipo "eso no debería suceder". Hoy día ellos tienen total libertad de explorar y observar cómo funciona el cuerpo humano.

Sin embargo, ese cuerpo humano continuamente funciona de tal manera que hace exclamar a los expertos: "Eso no tiene ningún sentido. Esto no debería estar pasando". Pregunta a un médico, la próxima vez que estés en su consultorio, cuánto en la salud y en el funcionamiento del cuerpo es misterio. Bueno, un médico es muy instruido, muy capaz de diagnosticar, pero a veces el cuerpo hace cosas que no tienen sentido. Y se trata solo de un cuerpo, de un solo organismo. ¡No del universo! No de los ecosistemas y de lo que se necesita para que un ecosistema prospere y florezca. No se trata del océano y de por qué es salado. Todos estos asuntos son parte de la divinidad de Dios hecha visible en la Creación.

La Biblia describe así tu vida y la mía: estamos en la mañana, y al mediodía nos hemos ido. Así es como Dios describe la longevidad de nuestras vidas: como un vapor. Y siendo así,

¿nos creemos con el poder de escudriñar al Dios de toda la Creación?

Pero ese no es el único lugar en que vemos la divinidad del Creador. También la vemos en la *providencia*. Cuando hablo de providencia, me refiero al reino y el gobierno de Dios sobre los detalles.

Una vez mi esposa tenía previsto volar un sábado por la mañana para dar una conferencia en Orlando. Así que nos levantamos temprano, llegamos con tiempo al aeropuerto, la dejé allí, y me dirigí a casa para encargarme de los niños. Pero entonces recibí una llamada de Lauren. Al principio creí que me llamaba para decirme que ya había abordado el avión y que me informaría: "Te llamaré cuando aterrice". Pero ella estaba a punto de llorar. No voy a dar el nombre de ninguna línea aérea, pero quizás adivines de cuál se trata.

Lauren no había embarcado en su vuelo, aunque ya había facturado su equipaje. Su maleta se hallaba en el avión y, esta, seguro que iría a Orlando. Pero ella tenía previsto hablar a varios miles de mujeres en esa ciudad y, en vez de eso, ahora la habían puesto en lista de espera. La línea aérea en cuestión había aceptado reservas para todos sus vuelos a Orlando ese día, por lo menos con siete personas de más en cada uno de ellos. Mi esposa se convirtió en la número cuarenta en la lista. La aerolínea empezó a ofrecer bonos de quinientos dólares a personas que estuvieran dispuestas a renunciar a sus asientos. Decido llamar al personal de la línea aérea para ver qué puedo hacer. Simplemente, estoy tratando de que ella suba al avión.

—Ella no va a volar a Orlando. Lo sentimos mucho, señor Chandler —contestan.

Así que mi esposa está llorando. Y con ese tipo de llanto iracundo en que realmente no estás seguro de cómo ayudar. *¿Debería consolarla? ¿Debería ir hasta allá? ¿No debería hacerlo? ¿Debería sencillamente darle su espacio?* El asunto se asemeja al tipo de escenario de vida o muerte. Así que ella está llorando, pero también está furiosa, y se encuentra en la puerta de ingreso a la nave.

—¿Está todo bien? —pregunta la empleada en la puerta de ingreso.

—Bueno, se supone que yo debo ir a esta conferencia en Orlando —contesta, por tanto, mi esposa—. Me están esperando. Yo iba a hablar sobre cómo Dios da estabilidad a nuestros tiempos.

Como te darás cuenta, se trataba del tema perfecto para ese instante.

—Pero no voy a poder hacerlo ahora —continúa Lauren—. Sé que no voy a lograrlo. Mi esposo acaba de llamar. Dijo que era imposible que viajara. Él viene a buscarme, y yo estoy aquí desconsolada. En realidad, me siento como si el Señor me quisiera allá.

Así que esta mujer le pide a Lauren que le hable de la charla. Mi esposa empieza a decirle que Dios será la estabilidad de nuestros tiempos, y le habla de nuestra historia y de cómo Dios ha sido tan fiel. Esta mujer se pone a llorar porque se ha sentido abandonada por Dios y un poco perdida en la vida. En la Puerta A26, Dios revela su amor a esta dama.

¡Eso es providencia! En lo que para nosotros fueron instantes de sentirnos atrapados, frustrados y desilusionados, Dios organizó un momento para revelar su amor a esta alma.

> Y vino palabra de Jehová a Jeremías, diciendo: He aquí que yo soy Jehová, Dios de toda carne; ¿habrá algo que sea difícil para mí? (Jer. 32:26-27).

Aquel día, cuando la ambulancia desapareció de mi vista, saber que Dios es Dios, que nada es demasiado difícil para Él, que su amor y su soberanía son reales, fue mi principio básico. Cuando mi corazón y mi mente querían ir tras toda razón verosímil de por qué desesperarse tenía sentido, la realidad de que nada es demasiado difícil para Dios se convirtió en mi razón, en mi sensatez.

Por esto es que el cristiano maduro es sensato. Porque, según afirma Pablo: "el Señor está cerca", incluso en una situación desesperada como la que describí. Debido a que en ese momento lo que yo tenía a la mano era el conocimiento de que el Dios del universo, el Dios que me rescató y me salvó, no era impotente en absoluto, yo también tenía la seguridad de que Él no estaba para nada sorprendido o impresionado en aquel instante; que no se tambaleaba en lo más mínimo ni trataba de averiguar qué hacer. El Dios de la Biblia no es el conductor de una ambulancia que aparece después de la destrucción, saltando y pensando: *Muy bien, hagamos algunas clasificaciones aquí.* El Dios de la Biblia no aparece después del accidente para intentar arreglar las cosas. Eso no es lo que Él hace.

Dios está allí. Él conoce todo.

Y aquel día el Señor estuvo cerca, y la vida de mi hijo no le resultaba demasiado difícil de proteger. Yo le podía confiar mi hijo. Reid era y es suyo. Mi esposa es suya. Mis hijas son suyas. Yo soy de Él.

Mi oración entonces fue: "Señor, me regocijo en ti en este momento. Porque sé que tienes el control. Sé que me amas; sé que amas a mi familia. No entiendo lo que estás haciendo ni sé cómo van a resultar las cosas. Pero ayúdame a reconocer que si te tengo a ti, tengo todo".

Mi oración en ese momento, en busca de gozo en todas las circunstancias, es parecida a la de Job: "Aunque él me matare, en él esperaré" (Job 13:15), y a la de Josafat: "No sabemos qué hacer, y a ti volvemos nuestros ojos" (2 Cr. 20:12).

Ahora, permíteme ser muy claro porque no estoy tratando de ridiculizar este ejercicio. No me senté en mi auto con una sonrisa de idiota en el rostro, diciendo: "Bien, estoy feliz de que el Señor esté aquí, ¡y esto es fabuloso! Me regocijo en el Señor siempre; y otra vez digo: ¡Me regocijo!".

Obviamente, eso no es lo que estaba sucediendo. Algo así sería lo que podríamos llamar una teología irrazonable. Dios no se glorifica cuando actúas con felicidad ante situaciones horribles.

Dios se glorifica cuando, en el dolor más profundamente posible que experimentas, aún encuentras una manera de decir: "Confío en ti. Ayúdame, porque mi corazón me está fallando en el pecho. ¡Ayúdame! Mis hijos son tuyos. El alma de mi hijo es tuya. Su vida es tuya. Para empezar, me lo prestaste por tu bien.

Y sé que se supone que debo dejarlo libre, pero si te lo llevas a casa, él es tuyo… sin embargo, me gustaría conservarlo".

Mi amigo Jud Wilhite nos recuerda que a veces tenemos que luchar por el gozo:

> Para algunos cristianos es fácil encontrar gozo. Para muchos otros es un esfuerzo hercúleo. Si estás destrozado, pelea con uñas y dientes por el gozo en Dios. La Biblia indica que el gozo es tanto algo que elegimos tener como algo que nos sucede. Las Escrituras nos ordenan regocijarnos en todo. Un ejemplo es la insistencia de Pablo en el enérgico versículo de Filipenses 4:4…
>
> Sin embargo, ¿cómo hacemos eso? Cuando el mundo parece estar desmoronándose a nuestro alrededor, ¿cómo elegir el gozo? Todavía más, ¿cómo "llenarnos"? Parece como si la orden fuera que sacáramos provecho de algo malo que nos sucede, y que hiciéramos algo activo de lo que es esencialmente pasivo. ¿Cómo es posible eso?
>
> Puedes experimentar esta llenura simplemente permaneciendo receptivo a la obra de Dios. Solo el Espíritu puede llenarte de gozo, pero puedes mantenerte receptivo a esta llenura creando condiciones en tu vida que sean las mejor utilizadas por el Espíritu.[1]

---

1. Jud Wilhite, *Torn* (Colorado Springs: Multnomah, 2011), pp. 148-49.

En medio del dolor y el sufrimiento, del estrés y el terror, quiero decirle a Dios: "Muéstrame lo que quieres que haga en esta situación". Deseo confiar. Y confiar es algo que podemos hacer aun en medio de nuestra devastación.

Esto es lo que me brinda facultades razonables: saber que el Dios del universo no llega tarde ni está fuera de control. Al contrario, Él está en el auto conmigo, y está en la ambulancia con Reid, así que me regocijo; y otra vez digo: ¡Me regocijo!

Al final, todo salió bien con mi hijo. Sin embargo, en esos momentos en que el gozo es difícil de conseguir, vuelvo a recordar ese día doloroso y desesperado. Uso mi imaginación de este modo: veo al Señor en esa ambulancia con mi hijo. Veo al Señor cuidando de mi esposa, calmándola y dándole paz. Veo su gloria llenando esa ambulancia con infinito poder. Independientemente de cómo pudo haber terminado la experiencia, en ese momento veo a Dios tan lleno de amor y en control de la situación que puedo sentir paz.

Esa es mi esperanza para ti.

No soy ajeno a la pérdida y el dolor. Sé que muchos que leen este libro incluso ahora apenas tienen fuerzas para sostenerlo. Mi esperanza es que Dios podría redimir algunas de esas cosas que te han herido. Quizás ahora mismo estés pensando en ellas. Tal vez debas pedirle que redima algunas de esas situaciones en que sentiste que Él te abandonó. Quizás quieras ofrecerle algunos de tus dolores y dudas ahora mismo, en este mismo momento: "Echando toda vuestra ansiedad sobre él, porque él tiene cuidado de vosotros" (1 P. 5:7).

Es totalmente razonable hacer esto.

CAPÍTULO DIEZ

SIN NINGUNA CLASE DE ANSIEDAD

Lo que aprendisteis y recibisteis y oísteis y visteis en mí,
esto haced; y el Dios de paz estará con vosotros (Fil. 4:9).

Cuando llegué por primera vez a The Village Church, se llamaba Highland Village First Baptist Church, y ¡vaya que teníamos trabajo por hacer! No sé de qué otra manera decirlo. Los miembros amaban al Señor, querían ver personas salvas, y deseaban que la iglesia creciera en anchura y profundidad. Sin embargo, aun con este deseo en su lugar, debíamos emprender algunos trabajos, y Dios empezó a hacer algunas grandes cosas de inmediato. Uno de nuestros primeros compañeros en la obra de revitalización fue un hombre en la iglesia llamado Dell Steel, quien casi tenía setenta años.

En seguida me comprometí a lo que *no* iba a hacer. No entraría en esta iglesia decadente con miembros envejeciendo y les diría: "Personas mayores, ¡guarden silencio y salgan de nuestro camino! Hay un chico nuevo en la ciudad". Sencillamente creo que esa es una manera muy tonta de tratar que una iglesia moribunda haga un nuevo compromiso. Por tanto, me senté con Dell en uno de esos primeros días.

—Mira, hermano, te necesito —le dije—. Por favor, ¿nos puedes ayudar? ¿Me puedes ayudar?

Dell me miró y contestó:

—Si predicas la Palabra y se salvan personas, no me importa lo que hagas. Cambia todo lo que debas cambiar.

Así lo hicimos. Predicamos la Palabra. Dios salvó personas. Y cambiamos la música. Eliminamos programas antiguos e ineficaces, y empezamos nuevas iniciativas. Decidimos establecer una pluralidad de ancianos para el gobierno de la iglesia, y Dell se convirtió en el director de la junta de nuestra iglesia.

Nunca olvidaré la noche, casi al final de una reunión de ancianos, en que dijo:

—Estoy teniendo algunos problemas. Tengo que ir al médico y hacerme una revisión.

Poco después me reuní con él y con algunos otros hombres en la iglesia para orar. Dell me contó que se había enterado de que tenía cáncer y que, aunque en realidad no existe tal cosa como un tipo "bueno" de cáncer, este era particularmente del tipo agresivo. No era de la clase que se puede vencer. Dijo que quizás podrían alargarle un poco la vida, pero salvo un milagro le habían entregado una sentencia de muerte.

Anduve con Dell desde el momento de la mala noticia, a través de la quimioterapia, la radiación, las visitas al médico, las oraciones y las lágrimas, todo el camino hasta el cuarto del hospital, y hasta el momento en que el Señor lo llamó a su casa. He aquí lo que a este hombre le llenaba la mente y el corazón en cada paso del camino: la paz de Dios que sobrepasa todo entendimiento. Eso es lo que lo caracterizaba. No tenía ansiedad por su esposa, por sus hijos y nietos, por mí, por la iglesia, ni siquiera un poco de estrés respecto a algo más. *Él sabía*. Nosotros habíamos hablado al respecto. Tuve que ver cómo se desarrollaba esto. Debí observar a un hombre morir bien, lleno con la paz de Dios que sobrepasa todo entendimiento.

¿Estás de acuerdo conmigo en que el hombre natural no quiere morir? El hombre natural desea luchar contra la muerte. El hombre natural tiene miedo de lo que podría venir después. El hombre natural teme lo que le podría suceder a su esposa e hijos. El hombre natural, cuando siente que se consume, se preocupa por su salida del mundo y lo abruman inquietudes acerca de lo que pueda ocurrir a continuación… a él y a los que deja atrás.

Dell no murió así. Él pensaba: *Si Dios quiere salvarme, puede hacerlo. Y si quiere llevarme a casa, vamos a casa.* Siempre me asombró que él estuviera tan tranquilo respecto a todo el asunto, sencillamente tan pacífico. Una buena descripción para el modo en que Dell sufrió podría ser "resueltamente en paz".

Joe Thorn escribe en cuanto a "sufrir bien", mostrándonos el fundamento de la paz decisiva:

> Dios no promete librar tu vida de aflicción y dificultades. No obstante, sí ofrece darte la gracia necesaria para sufrir bien, y por medio de la gracia descubrir las riquezas y la belleza del evangelio. No está mal pedirle a Dios que te alivie el dolor, pero es más importante que en medio del dolor confíes en la promesa de que Dios usa tales experiencias para su gloria y tu bien, con

el fin de utilizar esos momentos como un medio de perfeccionar tu fe, fortalecer tu espíritu, y
transformar tu vida de tal manera que te vuelvas
más semejante a Jesús.[1]

Volvernos como Jesús, así es. Nos volvemos semejantes a Jesús en su sufrimiento al participar en este a través de nuestro sufrimiento. Nos volvemos como Jesús al tener fielmente a Cristo
como nuestro supremo tesoro, gozo y esperanza. Mi amigo Dell
ilustró esta fidelidad en su sufrimiento y en su muerte. Él tomó
Filipenses 1:21 y lo hizo realidad: "Para mí el vivir es Cristo, y
el morir es ganancia".

NADA DE ANSIEDAD

Recuerda que la fe madura es regocijarse siempre. Filipenses 4:4-5
es en realidad una gran transición para Filipenses 4:6, porque la
orden inequívoca de regocijarse complementa lo no negociable
acerca de la preocupación. Pablo escribe: "Por nada estéis afanosos" (v. 6). Esta conexión tiene sentido, porque si estamos ocu-
pados regocijándonos, no tendremos tiempo para estar afanosos.

El contexto más amplio de Filipenses hace la pregunta retó-
rica: "¿Respecto a qué tendrías que estar afanoso?". No hay un
centímetro cuadrado de Creación en que Dios no esté presente
y en que no sea soberano. Si pudiéramos sacar de nuestras ca-
bezas la idea de que el futuro es algo que Dios simplemente

---

1. Joe Thorn, *Note to Self* (Wheaton, IL: Crossway, 2011), p. 127.

conoce, y pudiéramos meter en nuestras mentes la idea de que el futuro es un lugar en que Dios ya *está*, que Él no solo sabe el pasado, ve el presente y conoce el futuro, sino que se encuentra fuera del tiempo y reina soberanamente sobre todo, ¿de qué tendríamos que estar ansiosos?

Si vas a ser sincero acerca de tu vida, tendrás que admitir que Dios nunca te ha fallado. Nunca te ha defraudado. Tal vez no siempre te haya dado lo que querías, ni haya organizado tu vida según tus deseos, ni haya seguido tu consejo sobre el cuidado providencial para ti, pero en definitiva nunca te ha fallado. A veces tal vez te sentiste apartado de Dios, pero Él nunca te ha abandonado. Nunca te ha dejado. Nunca has estado sin su amor y su cuidado soberano.

Así que incluso si ese teléfono suena y al otro extremo oyes la peor de las noticias, ¿respecto a qué debes tener ansiedad?

Comprendo el miedo. Entiendo el dolor. Pero no es lo mismo que la preocupación. El miedo es legítimo para los vulnerables, y el dolor es una consecuencia natural de ser mortal. Pero la ansiedad es una decisión tomada en desconfianza. Además, no ayuda. La ansiedad no contribuye en nada a los problemas que enfrentamos. "Por nada estéis afanosos". He aquí la lógica de Jesús sobre el tema: "¿Quién de vosotros podrá, por mucho que se afane, añadir a su estatura un codo?" (Mt. 6:27).

Sin embargo, es muy difícil no estar ansiosos. Sé que yo no debería tener ansiedad, pero me siento ansioso muchísimas veces. Al igual que esos momentos en que estoy viajando en avión y de pronto comprendo que no hay nada debajo de mí. En ocasiones, justo en medio del vuelo, me pongo a pensar: *Vaya, estamos en el cielo*. Es difícil no tener ansiedad. Tengo hijas, ¿verdad? Ahora detesto a todos los chicos. Los veo como rufianes, como pequeños truhanes sospechosos. ¿Podemos simplemente ser sinceros acerca de que es difícil no tener ansiedad acerca de ciertas cosas? Es difícil no tener ansiedades legítimas en el corazón.

Al hijo de Michael Kelley, Joshua, de dos años de edad, le diagnosticaron leucemia en el 2006. Michael relata el camino de fe de su familia a través de la enfermedad y el tratamiento de Joshua en el libro *Wednesdays Were Pretty Normal* [Los miércoles eran bastante normales], en que escribe esto con relación a la ansiedad:

> Yo era un padre ansioso, y me sentía mal por eso. Se supone que los cristianos no se preocupan; es de mal gusto. Jesús nos dice que no estemos ansiosos por cosas tales como ropa o comida porque tenemos una base de confianza en Dios como nuestro proveedor.
>
> Pablo se refirió en Filipenses 4:6 a la respuesta cristiana ante la preocupación, afirmando: "Por nada estéis afanosos, sino sean conocidas vuestras peticiones delante de Dios en toda oración y ruego, con acción de gracias"… Eso no significa que yo no pueda racionalizar mi propia preocupación.
>
> Después de todo, tenemos mucho de qué preocuparnos. Y podemos razonar que existe una línea delgada entre la ansiedad y la preparación para el futuro. ¿Están la responsabilidad

y la ansiedad en cierto modo ligadas? ¿No deberíamos planificar nuestra jubilación? ¿No deberíamos tener seguro de vida? ¿No deberíamos pensar en el futuro? ¿Dónde trazamos la línea entre responsabilidad y ansiedad? Y ya que tocamos el tema, ¿por qué Dios se preocupa tanto por la ansiedad de sus hijos?…

Cuando vivimos con una falta de ansiedad respecto al futuro, incluso en esos momentos tortuosos comunicamos la verdad de que nuestro Dios es en realidad digno de confianza. No nos preocupamos de nuestro futuro porque Él nos sostiene en sus manos. No retorcemos las manos con preocupación porque sabemos que Él está trazando el curso. Tal clase de confianza invita a que la tengan otros, aquellos que anhelan algo diferente de la vida sin una red de seguridad.[2]

Las palabras de Michael nos recuerdan sin duda el compromiso necesario de fe en la comunidad, así como las necesidades de discipular, ser discipulados, y buscar a otros cristianos dignos de imitar. Los cristianos ansiosos son mala propaganda para el Dios de toda consolación.

Sin embargo, "no estar afanosos" no llega sin el sudor de la fe. Felizmente, Pablo sigue mostrándonos el antídoto para la ansiedad.

---

2. Michael Kelley, *Wednesdays Were Pretty Normal* (Nashville: Broadman and Holman, 2012), pp. 208-209.

ENTREGA LAS ANSIEDADES A DIOS

¿Cómo maneja la ansiedad el creyente maduro? Pablo ya nos ha dicho que recordemos que "el Señor está cerca" (Fil. 4:5). Ese es el primer paso y el más importante. Dios está allí, a tu lado. Estás unido con Cristo en fe, por tanto, disfrutas de unión mística con Él. El Espíritu Santo habita en ti, por lo que disfrutas comunión constante con Él. El Padre no está lejos de ninguno de nosotros (Hch. 17:27), y sabemos que Él está especialmente cerca de los quebrantados (Sal. 34:18). En consecuencia, la omnipresencia de Dios en amor incondicional es tremendo estímulo y abundante munición contra los ataques de ansiedad.

No obstante, ¿cómo participar en la realidad de la presencia de Dios? Esto es lo que Pablo afirma que el cristiano maduro hace en lugar de preocuparse: "Por nada estéis afanosos, sino sean conocidas vuestras peticiones delante de Dios en toda oración y ruego, con acción de gracias" (Fil. 4:6).

La oración es la disciplina. Llevamos nuestras ansiedades a Dios. Pablo incluso clasifica el tipo de oración: *ruego*. De modo que la disciplina con que combatimos la ansiedad es la disciplina del ruego. Las oraciones de ruego son oraciones tipo "¡Ayúdame!".

Ahora estamos comenzando a dar un círculo completo, ¿verdad? Empezamos nuestro caminar a través de Filipenses con el estímulo hacia la humildad, la sumisión y el temor reverente a Dios. Esta es la postura del ruego. "¡Ayúdame, Señor! ¡Ten misericordia de mí, Señor!".

En realidad, la oración y la preocupación tienen la misma esencia. Ambas son un repaso de circunstancias, una reflexión y una especie de ejercicio mental y emocional. Pero en la preocupación no hay ninguna conexión, ninguna fuerza motriz, ningún receptor relacional. Es como hacer girar nuestras ruedas. Preocuparse es como tratar de viajar en una silla mecedora.

No obstante, cuando oramos, estamos "preocupando" a Dios. Tomamos esas ansiedades y las dirigimos hacia Dios, llevándoselas, colocándolas delante de Él y, lo más importante, entregándoselas. Por esto es que Martín Lutero declara: "Ora, y deja que Dios se preocupe".

Tenemos un ejemplo supremo de este ruego en la oración de Jesús en el huerto de Getsemaní. Ante su inminente arresto, tortura y ejecución, Cristo está tan afligido y quebrantado que suda sangre mientras ora. El Dios-Hombre tiembla, teme y suplica, orando así: "Padre mío, si es posible, pase de mí esta copa; pero no sea como yo quiero, sino como tú" (Mt. 26:39). ¿Qué ha hecho Jesús? Al preocupar a Dios ha obedecido la orden de no preocuparse. Él lleva su ansiedad al Padre y se la entrega.

Sin embargo, el ruego no es la única cualidad de la oración para atacar la ansiedad.

LA KRIPTONITA DE LA ANSIEDAD

Pablo dice que nuestro ruego a Dios debe estar acompañado "con acción de gracias". Esta acción de gracias es una especie de acto humilde de decir: "Gracias Señor, por escucharme"; es un agradecimiento por el oído atento y el corazón cariñoso de Dios.

Esta gratitud debería ser parte de nuestras oraciones, independientemente de si Dios las contesta del modo que deseamos.

En medio del terror de nuestro episodio con Reid no habría habido súplica con acción de gracias si hubiéramos reservado nuestras gracias hasta averiguar cómo iba a terminar todo el asunto, o hasta que pudiéramos ver si Reid sobrevivía. Por supuesto, ¡siempre estaremos agradecidos de que nuestro hijo sobreviviera! Pero la verdadera prueba de la madurez de nuestra fe sería que estuviéramos preparados para involucrarnos en acción de gracias, aunque la experiencia hubiera terminado de manera terrible. ¿Podríamos entrar en la presencia de Dios con acción de gracias y en sus atrios con alabanza, aunque Él se hubiera llevado a nuestro hijo?

No se trata de estar agradecidos por la pérdida, sino de ser agradecidos por haber tenido el regalo de la vida de Reid. Se trata de recordar que Dios es bueno y que hace lo bueno, que da y quita, y que en todo momento su nombre es y debería ser bendecido.

"Sean conocidas vuestras peticiones delante de Dios en toda oración y ruego, con acción de gracias" (Fil. 4:6). En toda oración, expresa Pablo, es decir, en toda circunstancia.

Así que rellenemos el espacio donde surja la ansiedad con oraciones humildes de "ayúdame" que tengan acción de gracias por la bondad de Dios, los regalos de Dios, y el definitivo y buen regalo, el evangelio. El mensaje del evangelio es motivo de gozo inexpugnable; si lo recibimos de veras, pone estabilidad eterna en los corazones de todos los que lo creemos. Además, es fuente de acción de gracias "en todo".

Acción de gracias y ansiedad no pueden ocupar el mismo espacio. La acción de gracias es la kriptonita de la ansiedad. No puedes tener ansiedad si estás dando gracias.

Cuando vamos ante Dios con ruego y acción de gracias, la preocupación y la ansiedad huyen como cucarachas cuando se enciende la luz. Algo más toma su lugar: "Y la paz de Dios, que sobrepasa todo entendimiento, guardará vuestros corazones y vuestros pensamientos en Cristo Jesús" (Fil. 4:7).

Ahora Pablo cambia del estado emotivo al estado mental del creyente. Al hacerlo nos muestra que no es posible separar los dos estados. Sin embargo, muchísimas personas intentan hacerlo. Nos dividimos a menudo entre los sentimentales y los pensadores.

Los primeros dicen cosas como: "¿Por qué no podemos simplemente amar? ¿Por qué tenemos que meternos en toda esta cuestión doctrinal? Tan solo amemos a Jesús". A veces miran a las personas que se interesan en la doctrina como frías e insensibles, como si pudieran ser más espirituales "si solo sintieran lo que nosotros sentimos".

Al mismo tiempo, los pensadores más intelectuales miran con sospecha a quienes resaltan el amor. Quizás critiquen a los sentimentales, diciendo: "Ah, qué ridículos, frívolos y débiles. Necesitan más teología en sus chácharas".

Lo que resulta de todo esto es la formación de facciones rivales que deberían complementarse entre sí y trabajar juntas en unidad. Pero en vez de eso, terminan actuando con arrogancia e ignorancia porque, aunque Dios ama el corazón inocente y hermoso que también lo ama completamente, esta realidad no niega el hecho de que deberíamos saber amarlo *correctamente*.

Imagina que yo llegara a casa al final del día para ver a mi esposa y simplemente quedara prendado por su belleza y preciosidad. Entonces me arrodillo en el suelo delante de ella y digo:

"Cariño, te amo tanto que ahora mismo me duele el corazón. No solo te amo; estoy enamorado de ti. Y no sé si es por tu cabello negro, tus ojos castaños, o por otra cosa; el solo verte me hace exclamar: ¡*Guau!*".

Alguien podría estar pensando: ¡*Eso es muy tierno!*

Pero déjame explicarte. Permíteme decirte por qué, si yo fuera a hacer eso, me iría muy mal. Mi esposa tiene cabello rubio y ojos azules. Aunque mis emociones fueran poderosas y apropiadas, ella pasaría un mal momento debido a cómo yo le habría expresado mi amor.

Amor no es simplemente algo que sentimos. Abarca nuestros afectos, pues sí. Se expresa en maneras emocionales, también. Pero la Biblia nos dice que el verdadero amor "se goza de la verdad" (1 Co. 13:6). Supongo, por Efesios 4:15, que es posible hablar la verdad a partir de una falta de amor. Y, por extensión, que es posible expresar amor a partir de la ignorancia y hasta de la falsedad. Pero el amor maduro y piadoso es un amor veraz, ortodoxo y doctrinal. Une el pensamiento y el sentimiento como Pablo hace en Filipenses 4:7, donde dice que la incomparable paz de Dios guardará nuestras mentes *y* nuestros corazones.

Si tu mente no estimula verdadero afecto, creo que estás en gran peligro. La mente y el corazón se alimentan entre sí. John Piper afirma que el intelecto existe para lanzar leños en el horno de nuestros afectos por Dios. Y puesto que Pablo no tiene nada de inútil, inmediatamente nos da instrucciones sobre cómo guardar nuestras mentes en Jesucristo. Nos dice exactamente cómo regular nuestras mentes para que podamos continuar lanzando leños en el horno de nuestros afectos por Dios.

PREOCUPÉMONOS DE ESTAS COSAS

Por lo demás, hermanos, todo lo que es verdadero,
todo lo honesto, todo lo justo, todo lo puro, todo lo amable,
todo lo que es de buen nombre; si hay virtud alguna,
si algo digno de alabanza, en esto pensad (Fil. 4:8).

Uso aquí la palabra *preocupación* porque la función es la misma, aunque el enfoque y los resultados son diferentes. Cuando estamos ansiosos, pensamos en lo negativo en una forma que demuestra falta de confianza en Dios. En este sentido, la preocupación desperdicia tiempo mental. En vez de eso, Pablo dice que reflexionemos en estas cosas.

En nuestras mentes constantemente debemos funcionar en la verdad, "llevando cautivo todo pensamiento a la obediencia a Cristo" (2 Co. 10:5). Pensaremos, cavilaremos y aceptaremos lo que es cierto, y reprenderemos y huiremos de lo que no es verdad. Así pues, parte de tener la mente de un creyente maduro es poder detectar mentiras y aceptar la verdad. Se trata de aprender la práctica de discernir y mantener un compromiso para crecer en sabiduría bíblica.

La mayoría de nosotros caemos en pecado porque aceptamos una mentira y caminamos según esa mentira, en vez de ser capaces de identificar fácilmente: "Eso no es cierto. *Esto* es cierto".

Pablo también nos dice que pensemos mentalmente en todo lo que es honesto, en oposición a lo que es deshonesto. No quiero quedar fragmentado en las imaginaciones de un corazón orgulloso, por lo que maquino en mi imaginación celebrar aquello que tiene honra, dignidad y que da gloria a Dios.

Te daré un ejemplo de cómo pensar en lo que es honesto. No conozco el plan de Dios para mi vida en cuanto a la cantidad de días que me ha dado. Desde mi diagnóstico de cáncer he vivido más consciente de que mi vida es un vapor. Pero no tiene que ser el cáncer lo que me liquide. Yo podría morir mañana en un accidente de coche o de cualquier otra clase. No tengo idea de lo que Dios me tiene reservado, pero he aquí algo pequeño que tengo en mente. Si me concediera la longevidad a la que quiero llegar, cuando tenga setenta u ochenta años, aun quisiera levantarme en la mañana, tomar una taza de café con Lauren, escucharla hablar de los sueños locos que tuvo la noche anterior, y disfrutar la mañana con ella y con la Palabra de Dios. Seremos solo un par de viejos amantes a quienes se les ha dado mucho tiempo. Y estaremos tomando café y hablando de nuestros nietos que han llegado a conocer al Señor.

Esa es una fantasía mía y esto es lo que hago con ella: cuando en el flujo normal de la vida veo una mujer atractiva, y esa mujer atractiva es coqueta; cuando estoy tentado a ser perezoso en relación con tratar de ir tras los corazones de mis hijos —porque una cosa es ser un padre presente y otra ir tras los corazones de los hijos—; cuando estoy tentado a detenerme en todo tipo de cosas deshonestas, regreso a esa fantasía: yo a los ochenta años, tomando una taza de café fuerte en el porche trasero, hablando con mi esposa respecto a la salvación de nuestros nietos. Aquello es algo honesto en lo que es digno pensar. Y cuando tenemos pensamientos como ese, paz llega a nuestras mentes. Y a nuestros corazones.

A veces en la vida de la mente combaten una imagen con otra. Para sacar de la cabeza una imagen deshonrosa tenemos que reemplazarla con una honrosa. No podemos combatirla si no hacemos uso de algo, ¿está claro?

Cualquier cosa que sea verdadera, cualquier cosa que sea honesta, piensa en esas cosas.

Lo mismo es válido para todo lo verdadero, honesto, justo, puro, amable, y de buen nombre. Lo que Pablo habría querido que sepamos es que estas virtudes encuentran su apoteosis en Cristo mismo. No estamos creados para simplemente estacionar nuestras mentes alrededor de virtudes etéreas y de "buenas ideas", sino más bien para poner nuestras mentes en cosas que vienen de Cristo, que exaltan a Cristo, y que se consumen en Cristo. Por eso es que Pablo ubica esta "reflexión" mental y emocional junto a referencias acerca de la personificación divina de estas cualidades. En Filipenses 4:7, él dice que la paz de Dios guardará nuestros corazones y mentes "en Cristo Jesús". Entonces, después de pasar por la lista de virtudes y de "aquello en lo que debemos pensar", en Filipenses 4:9 dice: "El Dios de paz estará con vosotros".

Al comentar este pasaje, John Phillips escribe:

> Pablo nos reta a "pensar en" (reflexionar, tener en cuenta) cosas que son ciertas, honestas, justas, puras, amables y de buen nombre. ¿Y a dónde nos llevarán tales pensamientos? ¡A Jesús! En Él todas estas características se traducen en una personalidad cálida y maravillosa, en una persona noble e inspiradora.

Solo podemos pensar en Cristo como algo verdadero. No podemos concebirlo diciendo una mentira o siendo engañoso o solapado. No podemos pensar que Él sea algo menos que honorable. Con David Livingstone, pensamos de Jesús como "un Caballero del más estricto y más sagrado honor". En esta Tierra, Cristo siempre fue justo y equitativo, ya sea tratando con una mujer caída o con un fariseo legalista. ¡Qué encantador era!...

Antes de poner las decisiones y los retos de Filipenses 4:8 delante de nosotros, Pablo escribe dos palabras al final del versículo 7: "Cristo Jesús". El versículo 8 se deriva claramente de los pensamientos de Jesús y nos lleva directamente de vuelta a sus pensamientos. Debemos pensar en Cristo. Ese es el secreto definitivo de una vida de pensamiento positivo. Todos los pensamientos indignos perecen en su presencia.[3]

El hombre maduro o la mujer madura (no, llamémoslos el hombre o la mujer en *proceso de maduración*, porque aún no están maduros) tendrán un corazón que pueda regocijarse en toda circunstancia, porque entienden que el Señor está cerca y comprenden quién es Él. Incluso en la más catastrófica de

---

3. John Phillips, *Exploring Ephesians and Philippians: An Expository Commentary* (Grand Rapids, MI: Kregel, 1995), pp. 169-170.

las circunstancias para tener esperanza, esta información hace que sea razonable experimentar gozo y agradecimiento. Cuando hombres y mujeres en proceso de maduración son tentados a caer presa de la ansiedad, van al Señor, se humillan y entregan sus ansiedades, confiando en que Él responderá en cualquier forma que soberanamente crea provechoso. En sus mentes piensan constantemente en lo que es verdadero, correcto, honorable, excelente, justo y amable… mente y corazón estarán sincronizados, madurando en el Señor.

Pablo concluye estos pensamientos con la tercera repetición de algo que le hemos visto decir antes: "Lo que aprendisteis y recibisteis y oísteis y visteis en mí, esto haced; y el Dios de paz estará con vosotros" (Fil. 4:9).

Filipenses es un libro interesante porque en realidad Pablo reitera lo mismo una y otra y otra vez. Específicamente: regocijarse, humillarse y madurar son ideas repetitivas en este libro. Y Pablo dice una vez más en el versículo 9 lo que ha estado diciendo a lo largo de la carta: "Esto haced".

El hecho de que él nos diga que hagamos (que nos esforcemos, que nos presionemos, "que resolvamos hacer") nos habla de nuevo de que esto no ocurre de manera natural. Estas cosas suceden por el poder del Espíritu Santo, obrando desde luego por medio del evangelio, y no resultan solo por accidente de nuestro estado natural.

No es natural alegrarse en todo. En lugar de eso, ¿es natural o no sentir que te robaron, sentir que fuiste traicionado, sentirte enojado? Es antinatural decir "Dios es bueno" cuando algo malo sucede.

Debemos practicar esta reacción.

Debe haber una práctica regular para pensar: *Tengo que confiar en ti en esto, tengo que confiar en ti en esto.* No es natural deponer toda ansiedad. Es natural pensar en lo que es falso, pensar en la mentira. Eso es lo natural para los seres humanos. Por tanto, se necesita práctica para hacer lo que debemos hacer. Romanos 12 dice que somos transformados por medio de la renovación de la mente. Me refiero a lo seria que es esta práctica. Mi mente siempre quiere ir a lo que es deshonroso. Simplemente lo hace. Pienso, por ejemplo, en cuando alguien se me atraviesa en el tráfico; a menudo respondo de inmediato como si esa persona lo hubiera hecho a propósito. No le concedo la misericordia de suponer que él o ella estaban entretenidos y no prestaban atención. Imagino que el individuo me vio en su espejo y pensó: *Sencillamente voy a molestar a este tipo.*

¡Dicho escenario imaginado sale de mí! Ni siquiera tengo que pensar al respecto. Por eso es que Pablo nos dice específicamente que pensemos de manera intencional en cosas mejores, en cosas que se alinean con Cristo y con su evangelio de gracia.

Concluiremos con esta declaración de Pablo: "En gran manera me gocé [he allí otra vez esa palabra] en el Señor de que ya al fin habéis revivido vuestro cuidado de mí; de lo cual también estabais solícitos, pero os faltaba la oportunidad" (Fil. 4:10).

¿Qué está pasando aquí? La situación empieza a esclarecerse. Los cristianos maduros que conforman la iglesia en Filipos caminan realmente en todo lo que Pablo les ha enseñado hasta este momento, pensando en él como más grande que ellos mismos, amándolo, mostrando humildad, e incluso dándole la mano. Es más, él dice que ellos querían hacer eso. No se trataba de diligente obligación sino más bien de "preocupación" por Pablo.

He aquí lo que había sucedido: el servicio postal no era confiable del todo en esa época. Se podía escribir una carta o tratar de enviar una ofrenda. Pero también uno podía resultar arruinado, estar atrapado en una guerra, hallarse en una emboscada, o haber sido objeto de robo. Los filipenses querían ayudar a Pablo todo el tiempo y no podían hacerlo, pero ahora él oye acerca del amor que le tienen. La compasión que en un inicio él les había mostrado está siendo correspondida. El apóstol se encuentra feliz en gran manera. ¿Por qué? Porque su vieja amiga Lidia, la tierna muchacha esclava y el antiguo carcelero han estado creciendo en la madurez del afecto, el amor, la pasión y el cuidado de él. Además, porque aún están buscando apasionadamente a Jesús.

Igual que Pablo, para los filipenses vivir es Cristo y morir es ganancia. Fue el poder de Dios el que logró esto; el apóstol ya no necesita preocuparse por ellos.

CAPÍTULO ONCE

CRISTO LO ES TODO

Sé vivir humildemente, y sé tener abundancia (Fil. 4:12).

En una boda, a menudo oímos que el novio y la novia estarán juntos:

> En lo bueno y en lo malo,
> en la riqueza y en la pobreza,
> en la salud y en la enfermedad.

Estos son sentimientos hermosos que la mayoría de nosotros incorporamos a nuestros votos de boda, prometiendo permanecer en pacto con nuestros cónyuges sin importar lo que la vida traiga a nuestro camino. En el inicio de nuestro viaje juntos nos comprometemos entonces a estar unidos hasta el mismo fin.

El problema es que cuando le prometí a mi esposa que estaría con ella en lo bueno y en lo malo, en la riqueza y en la pobreza, en la salud y en la enfermedad, en el fondo de mi mente creía que "lo bueno" sería maravilloso y que "lo malo" nunca sería realmente tan malo. Me imaginé que nunca podríamos ser sumamente ricos, pero que tampoco seríamos realmente pobres; que quizás nuestra salud no sería perfecta toda nuestra vida, pero que tampoco tendríamos algún tipo de enfermedad ni terminaríamos en algún accidente que nos debilitara o nos desfigurara.

Muy pocos en realidad creemos que lo malo nos ocurrirá. Ponemos nuestra esperanza en lo bueno y mitigamos nuestros pensamientos de lo malo. Pensamos que viviremos con algunas ganancias agradables y algunos reveses menores… nada más. Creemos que las circunstancias extremas son solo eso: extremas. Pocas personas podrían experimentar circunstancias extremas, pero no muchas.

Este, desde luego, no es el testimonio de Pablo. Cuando él pasa por algunos cambios bruscos en su vida, desde máximos a mínimos extremos ridículos, tiene sentido que le prestemos nuestra atención. Debemos examinar cómo el apóstol manejó tales polaridades y ver qué tipo de consejo nos ofrece. Porque la realidad es que estas circunstancias a las que nos gusta llamar "extremas" nos suceden a la mayoría de nosotros más a menudo de lo que nos gustaría admitir. Si Pablo puede honrar a Cristo a través de todo lo que soportó, sin duda en nuestros cambios (por lo general) de menor a mayor importancia, podemos mantener la fe. *¿Verdad?*

LA VIDA DE PABLO CONFORMADA POR EL EVANGELIO

Existen tres tipos de predicadores que captan nuestra atención. Primero, hay personas a las que escuchamos debido a que algo de la manera en que se comunican resuena en nosotros. Por tanto, las escuchamos porque, cuando enseñan, su estilo es atractivo, dinámico o cautivante; tal vez son de personalidad carismática. Después están las personas a las que escuchamos porque poseen abundancia de conocimiento, y su exégesis es impecable. Enseñan extremadamente bien las Escrituras, y sabemos que con ellas aprendemos mucho. Por último están las personas cuyas vidas han estado muy llenas tanto con los pináculos de gozo como con los valles de tristeza, que nos sentimos atraídos a ellas simplemente por la vida sorprendente que han llevado.

Una vez tuvimos un invitado que vino a hablar en The Village, y quien francamente no era el mejor comunicador del mundo. Sin embargo, miembros de su familia habían sido asesinados en el genocidio de Ruanda, y el hombre nos habló de la naturaleza del perdón y de cómo se perdonan atrocidades como dicho genocidio. Lo que nos atrajo de este predicador hasta el punto de escucharlo y ponerle mucha atención no fue lo dinámico de su discurso ni su exégesis, ni que fuera muy bueno con las Escrituras. Él simplemente vivía su vida, pero las profundidades de su experiencia irradiaban sabiduría.

Por supuesto, en el escenario más perfecto posible llegas a escuchar a un orador que sea dinámico y cautivador, inteligente y esclarecedor, y lleno de experiencia de vida y de historia personal... todo en un "paquete". A todos nos gustaría conocer a alguien que no solo nos enseñara la Biblia y nos mostrara dónde Dios dice algo que podamos tomar para nosotros, sino que al mismo tiempo nos revelara dónde Dios le ha acentuado un punto particular en su propia vida en que experimentó que la declaración divina es cierta o especialmente transformadora.

Quizás en este lado del cielo nunca conozcamos personalmente a alguien así, pero ya tenemos un amigo como ese, uno que habla por el poder del Espíritu Santo. En este capítulo daremos una mirada a algunos episodios en la vida de Pablo, y veremos que lo que escribe en Filipenses y sus demás epístolas no es simplemente el fruto de conocer la información del evangelio, sino también el fruto de haber llevado una vida cautivada por este mismo evangelio.

Continuaremos con este pasaje, que incluye uno de los más "famosos" versículos de la Biblia:

> En gran manera me gocé en el Señor de que ya al fin habéis revivido vuestro cuidado de mí; de lo cual también estabais solícitos, pero os faltaba la oportunidad. No lo digo porque tenga escasez, pues he aprendido a contentarme, cualquiera que sea mi situación. Sé vivir humildemente, y sé tener abundancia; en todo y por todo estoy enseñado, así para estar saciado como para tener hambre, así para tener abundancia como para padecer necesidad. Todo lo puedo en Cristo que me fortalece (Fil. 4:10-13).

Casi ninguno de nosotros puede decir lo que Pablo afirma aquí, al menos no sin cierta experiencia difícil de vida. Lo que el apóstol dice es que ha "aprendido" que Cristo es suficiente.

Él ha aprendido a saber que Jesús es su satisfacción tanto con la barriga llena como con el estómago gruñendo.

La verdad es que la mayoría de nosotros no fluctuará muy a menudo entre esos dos polos. Algunos de nosotros tenemos abundancia de riqueza, bistec, caviar o lo que sea. Quizás de vez en cuando comemos macarrones con queso o fideos chinos. Aunque no podamos comer bistec y caviar todo el tiempo, casi todos nosotros en el primer mundo comemos tres comidas al día, o podríamos hacerlo si quisiéramos. La mayoría de nosotros no tiene que preguntarse de dónde vendrá nuestra próxima comida. La mayoría de nosotros se quejará al respecto, pero por lo general podemos darnos el lujo de poner un poco de gasolina en nuestros autos. Puede que el dinero sea escaso, pero no vivimos en pobreza.

Pero el apóstol está diciendo aquí: "He sido pobre. He tenido hambre". Y eso es muy extraño comparado con nuestra típica experiencia de vida, pero lo más asombroso que él dice es esto: "Aprendí a estar contento en esas situaciones".

Pablo es un hombre interesante; ciudadano romano, pero judío, y no un judío común y corriente. El hombre tiene una credibilidad judía seria, ¿recuerdas? "Circuncidado al octavo día, del linaje de Israel, de la tribu de Benjamín, hebreo de hebreos; en cuanto a la ley, fariseo" (Fil. 3:5).

Pablo, cuyo nombre original era Saulo, ha aprendido el código farisaico, se ha enterado de la ley por dentro y por fuera, distinguiéndose como alguien prometedor. En esencia, él es un fenómeno; de buena familia, audaz y agresivo. Todos los que son alguien en la organización farisaica conocen a Saulo.

Además, él es de Tarso, por tanto es una persona de ciudad, un intelectual y, por encima de todo, no solo apasionado sino brillante. Básicamente, Pablo desarrolla la reputación de ser la siguiente "estrella".

Entonces surge *el Camino*. Jesús es crucificado y al parecer resucita de los muertos. A Saulo le frustra en gran manera esta perversión del judaísmo. Así que escucha a uno de estos cristianos, un hombre llamado Esteban, y lo oye predicar y enseñar a Cristo crucificado y resucitado. Mientras escucha, Saulo empieza a arder de ira, y él no es el único. Toda la multitud se pone furiosa y decide que es necesario apresar a Esteban y matarlo. Por tanto, lo arrastran y comienzan a lanzarle piedras hasta que muere. Imagino que algunos de los presentes no logran tener suficiente rango de movilidad mientras apedrean a Esteban, y por eso se quitan las chaquetas; pero no quieren tirar al suelo sus prendas. Por tanto, colocan sus vestiduras externas a los pies de Saulo. Así que Saulo sostiene los abrigos de los hombres que están matando a Esteban, y la Biblia es muy clara en el libro de Hechos en relación a que Saulo aprueba enérgicamente lo que está sucediendo.

Las Escrituras informan que, después del martirio de Esteban, la iglesia comienza a extenderse. Sus miembros salen de Jerusalén, pero lo hacen para predicar la Palabra dondequiera que van. Y Saulo de Tarso los persigue. Con gran pasión va tras los cristianos porque quiere matar a la mayor cantidad de ellos. Cuando manifiesta en Filipenses 3:6 que fue un celoso perseguidor de la iglesia, lo dice en serio. Esta era su fuerza impulsora. Estaba decidido a erradicar la iglesia.

Finalmente se le asigna ir a Damasco. Saulo ha oído que algunos cristianos allí predican el evangelio y que más personas están empezando a creer en Jesús. Por tanto, reúne un grupo de soldados, y todos se dirigen hacia Damasco. Pero, en el camino, Jesús desvía el plan de Saulo, y una visión del Cristo glorificado se le enfrenta.

El efecto no es suave. Jesús lo ciega y a continuación le habla.

—Saulo, Saulo, ¿por qué me persigues?

—¿Quién eres, Señor? —responde Saulo.

—Yo soy Jesús, a quien tú persigues —contesta Jesús (Hch. 9:4-6).

Saulo entra en Damasco y encuentra en su camino a un hombre llamado Ananías.

Me encanta la interacción entre Dios y Ananías, porque básicamente Dios le dice:

—Hola, Saulo de Tarso está aquí. Quiero que vayas y lo sanes.

—Este... él ha venido a matarme —le recuerda Ananías a Dios—. ¿Qué tal si no lo curamos? Me gusta más ciego y herido (Hch. 9:10-14).

La respuesta de Dios a Ananías no augura nada bueno para el resto de la vida de Pablo.

—No, no, no —le replica Dios a Ananías—. Ve y sánalo, porque le voy a mostrar cuánto debe padecer por mi nombre (Hch. 9:15-16).

Ananías obedece y, llamando "hermano" a Pablo, le impone las manos y ora por él. La Biblia dice que cayeron escamas de los ojos de Pablo (Hch. 9:17-18). Ahora como un creyente transformado en Cristo, después de haber sido emboscado por el evangelio, Pablo es bautizado y está listo para comenzar una nueva vida de fe.

Inmediatamente en Hechos 9, a solo pocos días de su conversión, Pablo se sube al púlpito y predica su primer sermón. Y, aunque no lo creas, *le va bien*. Confunde a los judíos, según Hechos 9:21. No pueden debatir con él. ¿Te ha ocurrido esto alguna vez? No es que la persona con quien estás debatiendo simplemente habla tanto que te desgasta, sino que básicamente deshace cada uno de tus argumentos de tal modo que prácticamente no tienes nada más que decir. Pablo hizo eso a sus antiguos camaradas.

Ahora los creyentes en Damasco (Ananías y todos los demás) piensan: *Vaya, este tipo es asombroso*. Esto debió haber hecho sentir bien a Pablo. Es decir, si alguna vez has tropezado con un don que no sabías que tenías, y te sorprendes al averiguar que un día aparece de pronto, te sientes increíblemente bien. Así que Pablo se mantiene predicando y las cosas están saliendo bien. Pero hacia el final de Hechos 9, sus antiguos amigos, aquellos con quienes había pasado la vida, se quedan hasta tarde hablando de la ley, van a la iglesia (aquellos alrededor de quienes Pablo había construido su vida, es decir, las personas en quienes había invertido y que conocía como su familia) todos se vuelven contra él. Sus amigos intentan matarlo (Hch. 9:23).

Pablo pasa de más a menos en un abrir y cerrar de ojos.

No puedo imaginar qué se siente acostarse por la noche cuando has tenido que huir a una ciudad por temor a que tus propios amigos te maten.

Pablo sale de Damasco. Cuando llega a Jerusalén, los cristianos allí no lo reciben. Le temen (Hch. 9:26). De modo que ahora a

Pablo no solamente lo han traicionado sus antiguos amigos, sino que sus nuevos amigos no lo aceptan. No quieren saber nada de él. ¿Puedes imaginarte la soledad que se siente cuando entregas tu vida al Señor, tus viejos amigos te rechazan, y ninguno de tus nuevos amigos te acepta? Esa sí que es una profundidad irreal de soledad.

Por fin, un hombre llamado Bernabé, un gran consolador, se hace amigo de Pablo (Hch. 9:27). Por tanto, Pablo va de menos a más. Ha salido de una experiencia muy traumática y milagrosa solo para entrar a un mundo de rechazo, hasta que de repente una valiente alma cristiana dice a los demás: "Ustedes pueden estar asustados, pero yo voy a darle amor a esta persona". Así es como Pablo y Bernabé se vuelven muy buenos amigos.

No mucho tiempo después de esto, un grupo de griegos entra en un debate con Pablo acerca de cómo funciona el universo. Pablo les predica el evangelio y, una vez más, de manera intelectualmente buena y poderosa los deja perplejos. Entonces estos individuos hacen lo que todo grupo que se queda sin argumentos quiere hacer: *intentan matarlo* (Hch. 9:28-29). Así que justo después de disfrutar de una importante amistad, el apóstol está bajo amenaza de asesinato. De nuevo.

Creo que nos resulta difícil que algo así nos entre a la mente. Tal vez has pasado en la vida una vorágine como esta. Sé que puede suceder. Conozco a personas que han tenido enormes altibajos como este, que pasan del trauma al consuelo, para luego atravesar otra vez experiencias horribles. No quiero ser ingenuo al respecto. Sin embargo, no creo que la mayoría de nosotros podamos decir con sinceridad que sabemos cómo es enfrentar a individuos que quieran asesinarnos. Yo a ciencia cierta no he pasado por algo así. Y esta no es una única experiencia impactante para Pablo. *Esta es su vida.* Le va a ocurrir una y otra y otra vez.

Ahora los griegos quieren matarlo, y la Biblia dice que el apóstol empieza a predicar el evangelio a un sujeto llamado Sergio, quien también es un individuo brillante. Mientras Pablo le habla a Sergio de las buenas nuevas, un endemoniado llamado Barjesús comienza a tratar de distraerlos, gritando y haciendo lo posible por evitar que Pablo hable del evangelio. Por primera vez en su vida, Pablo expulsa un demonio; reprende a Barjesús, lo que deja al hombre ciego y mudo (Hch. 13:6-11). No sé cómo son las discusiones en el lugar de donde provienes, pero en mi mundo si lo que le dices a un tipo lo deja sin poder ver ni hablar... *ganaste.*

Ahora Pablo está caminando en poder. Este ya no es tan solo un ejercicio intelectual para él. No es solo un razonamiento instructivo del Antiguo Testamento acerca de que Cristo es el Mesías. Pablo ejerce inmenso poder espiritual, y Sergio, por supuesto, se convierte en creyente.

Pablo está otra vez en la cima de una montaña. Pero su historia no ha terminado.

El apóstol lleva la misión a Listra y, de inmediato, en medio de un sermón, una piedra vuela desde el fondo del salón y lo golpea en el costado de la cabeza. Por eso levanta la vista, y entonces otra piedra vuela... y otra, otra y otra. Lógicamente piensa: *Voy a morir hoy.* En el pasado, Pablo había estado en el otro lado de este tipo de situaciones. Había sido quien lanzaba las piedras. Por eso sabe cómo terminan estos asuntos.

Quienes lo persiguen creen que lo han asesinado. A rastras lo sacan de la ciudad, pensando que está muerto, y lo dejan allí (Hch. 14:19). No quieren que se pudra dentro de los límites de la ciudad. Esto sería un nivel más bajo que bajo, ¿no es así?

Sin embargo, de manera sobrenatural Pablo resucita. No lo han matado. Él vive para predicar otro día.

Pero más adelante surge un fuerte desacuerdo entre Pablo y Bernabé, su buen amigo, y toman caminos separados (Hch. 15:36-40). Pablo ha sido apedreado y ahora vuelve a estar solo, sin siquiera un amigo con quién condolerse.

Finalmente llega a Filipos. Y es allí donde encuentra un estudio bíblico en que una mujer acaudalada, llamada Lidia, llega a conocer al Señor de una manera muy hermosa. Ella dice: "Hermanos, vengan a vivir con nuestra familia por un tiempo". De modo que Pablo y sus compañeros misioneros, que básicamente han sido errantes, se hallan viviendo en la mansión de la gerente general de Prada. Yo diría que ese es un buen día.

He estado en lugares de Asia en que los colchones son pedazos de madera contrachapada, y he estado en nuestra cama extra larga con acolchado en California. Aunque yo haría lo que sea para la gloria de Dios, ¡tengo mis preferencias! Me quedo con el acolchado, ¡por favor! ¡Eso es lo que quiero!

Me imagino ahora a Pablo en la casa de Lidia. ¿Crees que ella pudo haber tenido un cocinero? No lo sé. Supongo que la mujer, si tiene la cantidad de dinero que creemos que tiene, no es de las que cocinan macarrones con queso en el microondas. Estoy pensando que quizás tuviera un cocinero en su casa. Supongo que este es un buen día para Pablo, y así se halla en otro agradable buen momento.

Esto no dura mucho tiempo ya que, apenas un par de días después, estalla un disturbio racial. Atrapado en medio de este, Pablo resulta arrestado, torturado y arrojado en la cárcel. Va a parar a Tesalónica, en la península griega, y hace muchos convertidos, pero allí también hay un grupo de judíos que lo aborrecen. Lo detestan en serio. Lo odian tanto que empiezan a seguirlo adondequiera que va. No importa qué ciudad visite. No importa a dónde se dirija. Lo siguen. No van a atacarlo directamente, al contrario, lo que hacen es avivar a las multitudes, agitando a otros en contra de Pablo. Levantan una muchedumbre dondequiera que el apóstol va y presionan a la turba para que lo ataquen.

En Hechos 17 lo siguen a Atenas. Se burlan de él mientras predica. Pablo es un intelectual entre intelectuales. Existen sujetos inteligentes, y hay tipos avispados que hacen parecer tontos a los inteligentes. Pablo es uno de los que hacen parecer tontos a los inteligentes y, cuando está enseñando en Atenas, los otros individuos le rodean, se ríen y se burlan.

Los chicos malos de Tesalónica aparecen, así que Pablo entra en Corinto y predica el evangelio al director de la sinagoga, un hombre con el nombre de Crispo que se hace converso. El director de la sinagoga se convierte en creyente en Jesucristo (Hch. 18:8). Otra vez, Pablo ha ido de más a menos y de menos a más. Los vaivenes de mejor y peor siguen llegando.

Pues bien, mientras Pablo está en Corinto con todo este trauma fresco en la mente, y después de haber sido golpeado, encarcelado, rechazado, y de que se burlaran de él, la palabra del Señor le llega: "No temas, sino habla, y no calles; porque yo estoy contigo, y ninguno pondrá sobre ti la mano para hacerte mal, porque yo tengo mucho pueblo en esta ciudad" (Hch. 18:9-10). Después que la turba de Tesalónica lo siguiera de sitio en sitio, una vez que Pablo está en Corinto, Dios dice: "Aguanta y predica, nadie te hará daño". Tras haber sido golpeado con varas, torturado en prisión, apedreado y dejado por muerto, creo que este mensaje debió llegar como agua fresca en un lugar desierto.

No obstante, Pablo tan solo está recibiendo preparación para más aventuras misioneras. El evangelio funciona en Éfeso de manera tan poderosa que las cosas más difíciles de imaginar comienzan a ocurrir. Descubrimos que el pañuelo y el delantal del apóstol comienzan a sanar personas (Hch. 19:11-12). Así que los habitantes le despojan literalmente la ropa, la destruyen, y observan a las personas que son curadas. Dios se está moviendo de manera tan poderosa que incluso los que no son creyentes intentan participar en lo sobrenatural (v. 13).

Éfeso es donde se lleva a cabo la historia de los siete hijos de Esceva. Estos tipos ven a Pablo echar fuera un demonio y piensan: *¡Ah, tenemos que hacer esto mismo!* Así que van y encuentran un individuo endemoniado. ¿Dónde localizan a este sujeto? No lo sé. Pero lo cierto es que hallan un endiablado y empiezan a inmiscuirse con exorcismo, diciendo y haciendo lo que creen que Pablo estaba diciendo y haciendo. Luego declaran: "En el nombre de Jesucristo, el dios de Pablo, te ordeno que salgas" (Hch. 19:13, paráfrasis del autor).

Entonces el demonio habla. Me encanta lo que dice. (Probablemente será la única vez que diré esto). El demonio manifiesta:

"A Jesucristo conozco y he oído hablar de Pablo" (Hch. 19:15, paráfrasis del autor). Siempre me ha gustado el hecho de que el demonio haya oído hablar de Pablo, como si hubiera una red noticiosa en el mundo demoníaco. Sin embargo, la siguiente frase es grandiosa: "Pero vosotros, ¿quiénes sois?" (v. 15).

A continuación leemos que el demonio se vuelve sobre ellos y los golpea, dejándolos sangrando y desnudos (Hch. 19:16). Esta parte también me gusta porque durante años he dicho que si entras en una pelea con pantalones y luego ya no los tienes puestos cuando la lucha concluye, perdiste la pelea. Es algo así como el axioma mencionado: sabes que perdiste si terminas ciego y mudo. No importa si lograste propinar un buen puñetazo. No importa si lo derribaste una vez de un golpe. Si entraste en la pelea con pantalones y ya no los tienes puestos cuando termina, perdiste.

Finalmente, el evangelio ha penetrado tanto en la cultura de Éfeso que todo el ambiente socioeconómico de la ciudad empieza a cambiar. Hay hombres que han ganado mucho dinero creando imágenes de plata. Han fabricado ídolos… falsos dioses. Pero el evangelio ha cautivado tanto los corazones de las personas en la comunidad, que ya nadie compra los ídolos. Por tanto, estos hombres tienen que cerrar sus tiendas (Hch. 19:23-27).

¿Qué pasa cuando a alguien lo llevan a la quiebra? Se enoja. Estos fabricantes de ídolos inician un disturbio y levantan mucha animosidad hacia el cristianismo y su mensajero, Pablo.

Éfeso tenía una cantidad increíble de dinero. Si alguna vez has formado parte de una comunidad cristiana en una ciudad más pequeña, quizás te has juntado con creyentes de toda la región y has hablado de cómo sería si el evangelio tomara el control.

Tal vez han orado juntos seriamente por un avivamiento en tu ciudad durante mucho tiempo. Quizás han orado porque Dios revitalice el lugar y se derrame allí de una manera fresca. No sé si alguna vez has sido parte de algo como eso, pero sucede mucho por todas partes. Hay personas en ciudades de todo el mundo que han estado orando regularmente durante años, incluso décadas, pidiendo un avivamiento en su región. Esto sucedió en Éfeso. No se trató tan solo de un grupo de personas reuniéndose y pidiendo algo así. Dios lo hizo de veras en Éfeso.

Cuando la transformación espiritual empieza a afectar negativamente a los que se beneficiaban de la idolatría en Éfeso, cerca de cuarenta hombres hacen un juramento de no comer ni beber nada hasta que Pablo esté muerto (Hch. 23:12-15). Pues bien, una cosa es decir algo como: "Me gustaría que ese tipo muriera". Otra muy distinta es decir: "No voy a comer hasta que asesine a ese tipo". Cuarenta sujetos se ponen de acuerdo en hacer ese voto. Cuando recibo un correo electrónico incorrecto, pienso algo así: "¿Por qué será que no me quieren?". Así pues, en este caso un gran grupo de personas están comprometidas con la aniquilación de Pablo.

Ese es un día sombrío y oscuro.

Pablo testifica sin miedo, y lo arrestan. Cuando lo llevan a Roma, testifica acerca de Jesucristo todo el trayecto.

En 2 Corintios 11, el apóstol empieza a publicar el catálogo de malos tiempos en su vida:

> Otra vez digo: Que nadie me tenga por loco;
> o de otra manera, recibidme como a loco, para
> que yo también me gloríe un poquito. Lo que

hablo, no lo hablo según el Señor, sino como en locura, con esta confianza de gloriarme. Puesto que muchos se glorían según la carne, también yo me gloriaré; porque de buena gana toleráis a los necios, siendo vosotros cuerdos. Pues toleráis si alguno os esclaviza, si alguno os devora, si alguno toma lo vuestro, si alguno se enaltece, si alguno os da de bofetadas. Para vergüenza mía lo digo, para eso fuimos demasiado débiles. Pero en lo que otro tenga osadía (hablo con locura), también yo tengo osadía. ¿Son hebreos? Yo también. ¿Son israelitas? Yo también. ¿Son descendientes de Abraham? También yo. ¿Son ministros de Cristo? (Como si estuviera loco hablo.) Yo más; en trabajos más abundante; en azotes sin número; en cárceles más; en peligros de muerte muchas veces (vv. 16-23).

¿Qué significa eso? Pablo ha sido golpeado tantas veces por la causa de Cristo que perdió la cuenta. Personalmente, mi tendencia es recordar los golpes que me han dado. Esas son cosas que tiendo a recordar. Pero Pablo ha sufrido "azotes y *peligros de muerte* muchas veces" (2 Co. 11:23). Algunos de sus golpes lo dejaron casi muerto; es más, él afirma que esto sucedió *muchas veces*. El apóstol continúa:

De los judíos cinco veces he recibido cuarenta azotes menos uno. Tres veces he sido azotado

con varas; una vez apedreado; tres veces he pa-
decido naufragio; una noche y un día he estado
como náufrago en alta mar (2 Co. 11:24-25).

Voy a ser franco contigo: si estoy dos veces con Pablo en
un barco y nos hundimos en ambas ocasiones, no abordaré
un tercer barco junto con él. Si sobrevives a un accidente de
avión, te podrían decir: "Bueno, ya sabes, eso pasa, subamos
otra vez a un avión". Pero si *ese* avión también cae, no te vol-
verías a subir a otro. O, si lo haces, deberías usar una camiseta
que diga: "Los aviones se estrellan cuando estoy en ellos",
para que el resto de nosotros podamos ver eso y optar por no
tomar parte.

Pablo ha naufragado tres veces y una vez ha estado a la deriva
en el mar durante veinticuatro horas. Él continúa:

> En caminos muchas veces; en peligros de ríos,
> peligros de ladrones, peligros de los de mi na-
> ción, peligros de los gentiles, peligros en la ciu-
> dad, peligros en el desierto, peligros en el mar,
> peligros entre falsos hermanos; en trabajo y fa-
> tiga, en muchos desvelos, en hambre y sed, en
> muchos ayunos, en frío y en desnudez; y ade-
> más de otras cosas, lo que sobre mí se agolpa
> cada día, la preocupación por todas las iglesias.
> ¿Quién enferma, y yo no enfermo? ¿A quién se
> le hace tropezar, y yo no me indigno? (2 Co.
> 11:26-29).

Sin embargo, mira la perspectiva del apóstol acerca de esta aventura sobre el sufrimiento: "Por amor a Cristo me gozo en las debilidades, en afrentas, en necesidades, en persecuciones, en angustias; porque cuando soy débil, entonces soy fuerte" (2 Co. 12:10).

CRISTO EL CENTRO

Con esta breve reseña biográfica vemos en Pablo a un hombre que empieza una vida acomodada y prometedora, que experimenta grandes acontecimientos, y que —usando su propia frase— termina perdiéndolo todo y teniéndolo "por basura", y soportando todas las malas situaciones que acabamos de relatar. Lo que él escribe en Filipenses 4 reluce con una impresionante resonancia en ese contexto.

Ten en mente no solo el tiempo de relax que Pablo vive en casa de Lidia, comiendo churrasco, y no solo el tiempo en que confunde a sus adversarios, expulsa demonios, o disfruta la gloria de las milagrosas maravillas de Dios. Ten también en mente que fue azotado y que tenía la carne desgarrada en la espalda. Ten en mente sus luchas por mantenerse flotando sobre el agua mientras el barco en que viajaba se hunde con violencia en las profundas aguas. Ten en mente su sueño inquieto por las noches mientras los matones recorren las calles con el fin de encontrarlo y matarlo. Ten en mente la visión del cuerpo de Pablo desplomado en el suelo, con el rostro sobre la ensangrentada tierra, cubriéndose la cabeza y el cuerpo en un intento desesperado por no morir debido al ataque con piedras que parece interminable. Ahora vuelve a leer esto:

No lo digo porque tenga escasez, pues he aprendido a contentarme, cualquiera que sea mi situación. Sé vivir humildemente, y sé tener abundancia; en todo y por todo estoy enseñado, así para estar saciado como para tener hambre, así para tener abundancia como para padecer necesidad. Todo lo puedo en Cristo que me fortalece (Fil. 4:11-13).

¿Ves ahora que Filipenses 4:13 no se trata de ir tras tus sueños, de seguir tu pasión, de levantarte por tus propios esfuerzos, y de lograr cualquier cosa que desees con la ayuda de Dios? Más bien es el testimonio de quienes tienen a Cristo y han comprobado que Él es sumamente valioso, y que brinda alegría y satisfacción. En una vida constantemente marcada por estos altibajos extremos, Pablo ha encontrado la gran seguridad constante, la gran esperanza centrada: Jesucristo mismo.

¿Hay un versículo más erróneamente citado en la Biblia que Filipenses 4:13? No creo que lo haya. Creo que las personas lo quieren aplicar a todo. Un comerciante cristiano podría decir: "Voy a ser un director ejecutivo. Todo lo puedo en Cristo que me fortalece". Bueno, aquel es un tipo de intento fallido. La aplicación *realmente* está fuera del contexto.

Cuando yo era adolescente, había esas camisetas cristianas que tenían la foto de atletas con este pie de foto: "Todo lo puedo en Cristo que me fortalece". Me pregunto qué le transmitía exactamente esta frase al chico que siempre fracasaba.

Hay cosas que sencillamente no puedo hacer. ¿No es así? Este versículo no es evidencia de que puedo hacer todo lo que quiero. Ahora, ¿puede Cristo hacer lo milagroso? Por supuesto. Pero este texto no está diciendo que en Cristo puedes ser un jugador importante de las ligas mayores. Esto no es en absoluto lo que Pablo está diciendo. Él dice que si estás en las ligas mayores, alaba el nombre de Cristo, y que si te sientes demasiado débil incluso hasta para levantar la jarra de aguador del equipo, alaba el nombre del Señor.

No puedes tomar Filipenses 4:13 y hacer que signifique que puedes hacer lo que quieras. Eso no es lo que Pablo está diciendo. En contexto él expresa: "He aprendido a estar contento cuando recibo todo lo que deseo; pero también aprendí a estar contento cuando no recibí lo que quería. Puedo hacer lo uno o lo otro por el poder de Cristo".

Cuando Pablo afirma que "el vivir es Cristo, y el morir es ganancia", lo dice en serio. *Si quieres matarme, yo estaré más que bien: iré a estar con Jesús. Mi muerte estará llena con Cristo. Y si quieres dejarme vivir, seguiré adelante en la misión. Mi vida estará llena con Cristo. Si quieres torturarme, encarcelarme o burlarte de mí, confiaré en Dios. Mi sufrimiento me hará semejante a Cristo. Lo veré como una participación en su propio sufrimiento.*

A través de altibajos, de lo bueno y de lo malo, de la riqueza o la pobreza, de enfermedad y salud, puedes hacer todo en Cristo que te fortalece, cuando Cristo se convierte en tu todo. Una vida conformada por el evangelio llena con fe inquebrantable y amor incondicional cada espacio que lo necesita. Si estás unido a Cristo por medio de su evangelio, entonces estás tan seguro como lo es Cristo. Es más, según Jesús, aunque mueras, no morirás (Jn. 11:26).

Lo más probable es que nadie que lea este libro haya experimentado constantemente en la vida estos polos opuestos tan extremos como le pasó a Pablo. Pero ten en cuenta la vida de este hombre. Hay algo profundamente útil en cuanto a observar su vida, a ser consciente de lo que le tocó vivir, de lo que tuvo que atravesar, y ver cómo Dios lo sustentó a través de todo. Mi esperanza es que, en el futuro, cada vez que abras tu Biblia y leas una de estas cartas (Efesios, Filipenses, Colosenses o 1 y 2 Timoteo) te deslumbres no solo por el hecho de que se trata de la Palabra de Dios, sino porque este hombre vivió esas palabras. Pablo no está simplemente fanfarroneando. Cuando él dice que puede estar contento a pesar de las circunstancias, ¡sabe de qué está hablando!

¿Y qué hay de ti? Mientras seguimos buscando "deficiencias de desarrollo" en nuestra maduración en Cristo, ¿cómo te está yendo en el área del contentamiento? ¿Cuán rápido es tu impulso de encontrar satisfacción en Cristo? ¿Cuán rápido eres para ir al gozo del evangelio en momentos de estrés, frustración, desilusión y dificultad?

CAPÍTULO DOCE

EL VERDADERO CONTENTAMIENTO

*La gracia de nuestro Señor Jesucristo sea con todos vosotros
(Fil. 4:23).*

Uno de los aspectos más asombrosos que Pablo expresa mientras concluye su carta a los Filipenses se pasa por alto con facilidad. El apóstol escribe acerca de la aspiración de que la iglesia aumente su afecto por él, deseando que ellos le envíen amor hasta donde se encuentra. Pablo ha expresado alegría de que ellos hicieran eso. Les ha escrito de cómo Dios ha proporcionado contentamiento para él en toda situación que ha atravesado, y está a punto de reiterar esa misma idea. Después, en medio de todo eso, encontramos esta frase engañosamente profunda: "No lo digo porque tenga escasez" (Fil. 4:11).

Pablo ha adoptado la posición revolucionaria de que no tiene necesidades. Todas sus necesidades se han suplido en Jesús, por lo cual lo único que le queda son deseos. Él es sincero acerca de sus deseos, pero incluso esos están conformados por su satisfacción en Cristo. Pablo no es perfecto, y no afirma serlo, pero ha "aprendido". Recuerda, cuando él está pasando hambre, sufrimientos, encarcelamientos y hasta rechazo, sigue teniendo todo, porque tiene a Cristo. Si Cristo es todo, y él tiene a Cristo, en realidad no tiene necesidades. *¿Puedes imaginar eso?*

¿Podemos estar de acuerdo en que en Cristo no tenemos necesidad de nada? Sí, debemos estar totalmente santificados y glorificados, pero en Cristo esas son conclusiones anticipadas que simplemente no hemos recibido aún. Las tenemos aunque todavía no las experimentemos. Son nuestras. Pablo dice más adelante en este pasaje: "Mi Dios, pues, suplirá todo lo que os falta conforme a sus riquezas en gloria en Cristo Jesús" (4:19).

Cuando yo era niño, los videos como los conocemos hoy día básicamente se acababan de inventar. La única consola de videojuegos que conocíamos se llamaba Atari. Se trataba de un pequeño cuadrado negro con una palanca de control y un botón anaranjado. ¿Puedes imaginártelo? ¡Un botón! Cada juego de la consola Atari (los tres) hacía el mismo sonido. Era un tipo de pitidos y zumbidos que te volvían loco si jugabas durante mucho tiempo.

En aquellos días podías jugar fuera hasta que las luces de la calle se encendieran, y no tenías que pensar: *Debería salir a jugar.* Ya lo habías hecho. Llegabas a casa, hacías la tarea escolar, y sabías que tus padres no te querían en casa. Así que ibas a jugar fuera.

Los deportes tenían temporadas. El béisbol tenía una temporada. Había una temporada de fútbol americano. Había una temporada de baloncesto. No viajabas por todo el estado jugando a jockey sobre hielo en Texas. Simplemente, no lo hacías. El mundo no funcionaba de esa manera.

Sé que parece una locura, pero transmitían dibujos animados solo por las mañanas, después de la escuela y los sábados por la mañana. Así es. Traté de convencer a mi hija, y no me creyó. Ella cree que le estoy mintiendo. No teníamos Cartoon Network. No podías ver un bloque de cuatro horas de Bob Esponja a las siete y treinta el martes por la noche. El mundo no funcionaba así.

Nadie tenía teléfono celular. *Podías* tener un localizador, y era del tamaño de un pan. Y si lo tenías en modo de vibración, te rompía la cadera. Hacían algunas películas al mes, no cuatro o cinco cada fin de semana.

No teníamos controles remotos cuando yo era niño. Para eso las personas tenían hijos. Había una barra deslizante que se hallaba en la parte superior del televisor, y tenías que levantarte cuando papá te lo decía y la deslizabas. Es probable que algunos de ustedes en lugar de eso tuvieran que girar una de las dos enormes perillas en el aparato.

Así es como el mundo funcionaba. ¡Y en mi infancia ya estábamos muy avanzados en comparación con la generación anterior a nosotros!

Todos estos años posteriores el mundo se ha vuelto un lugar muy diferente. Por ejemplo, si en este momento quieres palomitas de maíz, pones una bolsa dentro del microondas y presionas un botón que dice *palomitas de maíz.* ¡Parece algo sacado de la serie de dibujos animados *Los Supersónicos*! Solo presionas el botón de palomitas de maíz, y tienes palomitas de maíz. Cuando yo era niño, tenía que comprar una bolsa de granos, poner aceite en una sartén, y colocar los granos allí. ¡Tenías que lidiar con la grasa y una llama directa!

¿Por qué es tan importante para nosotros entender el contentamiento a medida que llegamos al final de nuestro trayecto a través de la carta de Pablo a los Filipenses? Vivimos en un mundo en que hay más que hacer de lo que ha habido alguna vez en la historia de la humanidad. Hay más cosas que ver, más lugares a dónde ir, y medios más fáciles para llegar allí. Vivimos en el mundo más entretenido que la humanidad haya experimentado; y, sin embargo, la mayoría de personas están aburridas, olvidan las cosas, y se sienten frustradas.

El contentamiento es increíblemente importante en este mundo. No tan solo la felicidad, sino el *contentamiento*. Y aquí está lo que Pablo ha dicho, en ausencia de todas las comodidades del mundo moderno y en medio de todo el sufrimiento del antiguo: "No necesito nada. He aprendido a estar contento" (Fil. 4:11, paráfrasis del autor).

CÓMO APRENDER A CONTENTARSE

Pablo afirma: "He aprendido a contentarme" (4:11), y "en todo y por todo estoy enseñado" (4:12). Y si un hombre que es irreprensible en cuanto a la ley (3:6) tiene que aprender a contentarse, está claro que nosotros también tenemos que hacerlo.

El contentamiento no es natural. Tenemos que aprenderlo, y existen dos maneras en que podemos hacer ese aprendizaje. Este no es evidente en la traducción castellana de Filipenses 4, pero Pablo en realidad está desarrollándolo de ese modo en el idioma griego. Aquí hay dos ideas diferentes. Una es que el apóstol está aprendiendo en el sentido intelectual; está aprendiendo las reglas del contentamiento. *Él ha* aprendido mentalmente, como espero que estés aprendiendo ahora mientras lees esto, que "esta es la manera de estar contento". ¿En dónde aprendería Pablo esto? En las Escrituras. El apóstol pudo ir a Habacuc 3 y leer al profeta:

> Aunque la higuera no florezca, ni en las vides haya frutos, aunque falte el producto del olivo, y los labrados no den mantenimiento, y las ovejas sean quitadas de la majada, y no haya vacas en los corrales; con todo, yo me alegraré en Jehová, y me gozaré en el Dios de mi salvación. Jehová el Señor es mi fortaleza, el cual hace mis pies como de ciervas, y en mis alturas me hace andar (vv. 17-19).

Sin duda, Pablo también leyó el cántico de David en Salmos 63:3: "Mejor es tu misericordia que la vida", y en Salmos 4:7: "Tú diste alegría a mi corazón mayor que la de ellos cuando abundaba su grano y su mosto".

Pablo pudo leer y aprender el contentamiento de lo que vio en las Escrituras. También pudo ver en la Biblia que Dios es mejor que la comida o el abrigo. Él aprendió que Dios es mejor que la vida. En realidad, la mayoría de nosotros aprendemos el contentamiento principalmente de ese modo.

Sin embargo, el apóstol vuelve a la idea de aprender a tener contentamiento. La primera vez, en 4:11, corresponde a ese sentido de aprender que acabamos de ver, al sentido intelectual, y ahora en 4:12 él mismo se repite: "En todo y por todo estoy enseñado". Ahora está hablando en el sentido de aprender de manera experiencial. Por experiencia ha aprendido la lección que conocía de manera intelectual.

Pablo ha aprendido a estar contento al vivir en la casa de Lidia con toda abundancia y opulencia. Pudo sentarse en medio de eso y seguir amando a Cristo, seguirlo y saber que Él es mejor.

Podrías cuestionar: "Desde luego que Pablo pudo aprender contentamiento en un lugar de abundancia". Pero no estarías pensando del modo correcto. Pablo pudo disfrutar la abundancia por lo que era, es decir, un regalo de Dios para un tiempo; pero, el contentamiento significa estar satisfecho no con los regalos sino con el Dador de los regalos. Y esto es determinante. No entender esta distinción es la razón de que sea tan difícil para los ricos seguir a Jesús. Porque es sabido que el dinero no satisface, pero muchos de los que tienen bastantes riquezas creen que alcanzarán el contentamiento si tan solo obtienen "un poco más". No obstante, "un poco más" es un deseo que nunca termina. Por eso es que Gary Thomas llama una "disciplina" al contentamiento. Este es algo que se debe recordar, practicar y llevar a cabo en toda circunstancia. En su libro *Authentic Faith* [Una fe auténtica], Thomas escribe acerca de unas vacaciones familiares:

> Cuando visitamos Knott's Berry Farm, un parque de atracciones con una temática del Viejo Oeste, prácticamente no había filas, e íbamos fácilmente de una atracción importante a otra, en muchos casos entrando directamente. Si los chicos disfrutaban el paseo, se quedaban dentro y lo repetían.
>
> Mi hija Kelsey, en ese entonces de seis años de edad, estaba disfrutando el mejor momento de su vida. Sin embargo, aproximadamente

después de tres horas noté algo curioso. Ella salió
apresuradamente de algunos carros pequeños;
ya antes había montado en un tren, un tronco,
una noria, un autobús escolar volador... lo que
fuera. No obstante, sus palabras revelaban un espíritu de que ella estaba teniendo *más* ansias, no
menos. "¿Qué sigue?", preguntaba con un leve
tono de desesperación en su voz.

Entonces comprendí que nunca hay suficiente emoción para el corazón humano. Nunca tendremos tanta emoción como queremos. Esto ha
sido cierto desde el principio del tiempo.[1]

La insatisfacción, el deseo idolátrico por "más", está en el
ADN mutado de nuestra condición caída. Y estará allí hasta
que nuestros corazones estén llenos con Jesús. Así dice Agustín:
"Nuestro corazón andará siempre inquieto mientras no descanse
en ti".[2] Dios lo dispuso de este modo, asegurándose de que la acu-
mulación de insatisfacciones que no sean Él *nunca* se satisfagan.

Según Stephen Altrogge:

No estaremos plenamente satisfechos cuando tengamos lo que queremos. Ya que Dios nos ama y

---

1. Gary Thomas, *Authentic Faith* (Grand Rapids, MI: Zondervan,
   2002), p. 175.
2. San Agustín de Hipona, *Las confesiones por San Agustín* (tomado de
   http://www.iglesiareformada.com/Agustin_Confesiones_I.html, visi-
   tado agosto 4, 2014).

quiere que hallemos nuestra satisfacción en Él,
no permitirá que estemos satisfechos. Creer que
finalmente seremos felices cuando obtengamos
lo que queremos es una mentira.[3]

Desde luego, la verdadera prueba de nuestra satisfacción en
Cristo no es nuestro contentamiento con "un poco más", sino
con "menos". Pablo mostró esta cualidad en la abundancia de la
casa de Lidia al demostrar su disposición para alejarse de todo
ello en un santiamén, porque creía que Cristo era mejor que
esas cosas. El apóstol no está diciendo: "He aprendido a vivir
como un hombre rico", sino: "He aprendido a vivir para Cristo
en medio de riquezas. No me entrego a la riqueza; esta no se
convertirá en mi dios. No me aferro con firmeza a las posesio-
nes materiales. No me aferro fuertemente a mi comodidad".

Pablo pudo dar un testimonio de contentamiento que podría
interpretarse así: "El cocinero de Lidia lanzó por los aires un filete
término medio. Se me derretía en la boca. Estuvo maravilloso. Y
al día siguiente salí. Eché fuera el demonio de una muchachita, y
dormí la noche siguiente en la cárcel después que me golpearan
y me pusieran en el cepo. Sé vivir en opulencia sin dejarme llevar
por esta. Y sé vivir en pobreza, no tener nada, estar preso, sin en-
tregarme a la desesperación en medio de las circunstancias".

El secreto que Pablo aprendió tanto intelectual como expe-
rimentalmente, y que ahora está transmitiendo a los filipenses y

---

3. Stephen Altrogge, *The Greener Grass Conspiracy* (Wheaton, IL: Crossway, 2011), pp. 55-56.

a nosotros, *a ti*, es este: el verdadero contentamiento no está de ninguna manera relacionado con las circunstancias. El verdadero contentamiento está en sintonía con la realidad más profunda del evangelio y del reino de Dios.

Si el Señor me trae riqueza, alabado sea el Señor. Usaré tal riqueza para impulsar el reino, para glorificar a Cristo, para servirle totalmente. Con las manos abiertas diré: "Todo es tuyo".

Si se trata de pobreza, no importa, alabado sea el Señor. Con manos abiertas confiaré en que Él me provee todo lo que necesito a fin de llegar a ser todo lo que me ha pedido que sea. De cualquier modo, estoy bien. No importa lo que me acontezca, bueno o malo. No importa si todo el mundo me ama o si todos me odian. No importa si estoy sano o enfermo. No importa si todo resulta como quiero o si nada sale bien. He aprendido a estar contento en todo. Lo aprendí de la Palabra de Dios, y lo he aprendido de la providencia divina.

Hace unos años visité Asia y enfermé de gravedad. No fuimos a una región muy segura (nos habían informado anteriormente acerca del potencial riesgo de ser detenidos y sufrir daño corporal), así que ya estaba intranquilo, pero cuando aterrizamos, me hallaba terriblemente enfermo, y mi situación tan solo empeoró. Para el octavo día de la misión no había comido nada. No podía retener ningún líquido. Desarrollé llagas en toda la boca de tanto vomitar. No estoy seguro de poder describir de manera adecuada lo absolutamente afligido que me hallaba. Perdí ocho kilos de peso. Realmente no tengo ocho kilos para perder. No me levanté de la cama. Solo me tendí allí, sin nada: sin control de la situación, sin posibilidad de mejorar, sin ningún hospital al cual ir, sin nada.

¿Quieres saber algo? En esa experiencia disfruté algunas de las más dulces, más profundas y más hermosas interacciones que alguna vez haya tenido con el Señor. Te aseguro que allí hubo un momento en que creí que no iba a regresar a casa. Hubo un par de ocasiones en que pensé: *Voy a morir en este sucio sofá*. Sinceramente, si esa era la voluntad de Dios, yo solo quería que Él acelerara el proceso. No quería que se prolongaran otros ocho días. Pero en medio de ese sufrimiento tuve algunas charlas buenas, profundas y serias con Dios, y Él fue muy, pero muy tierno para conmigo en el poder de su Espíritu.

Por eso ahora que estoy en el hogar, donde tengo una cama extralarga, una casa bonita, hermosas hijas, un hijo fuerte, una esposa fantástica, una gran iglesia, amigos fabulosos, dinero en el banco, y la comida que quiero (todas las riquezas de la abundancia del primer mundo que se pueden pedir, y además un montón más) estoy contento. He aprendido que cuando estoy trece horas lejos de mi familia, enfermo de muerte y, en medio de una cultura peligrosa para los cristianos, puedo conocer el amor de Dios y el verdadero contentamiento.

No me malinterpretes, ¡estoy muy agradecido de estar aquí! Hasta el día de hoy, comer en mi casa es sencillamente una experiencia de adoración para mí. Mi hija menor hace una pequeña oración, y luego mi muchacho levanta las manos y dice: "¡Amén!". Comemos lentamente. Reímos. Es algo grandioso. Sin embargo, en aquel entonces allí, en medio del pensamiento de que podría morir… eso fue algo grande. Porque yo tenía a Jesús.

Las circunstancias no importan. "El vivir es Cristo, y el morir es ganancia". El mensaje de Filipenses es que se vive para Él, por

Él, a través de Él, con *Él*, acerca de Él, y en Él. Ahí es donde Pablo va una vez más. Como en Romanos 16, el apóstol no puede dejar de regocijarse, no puede dejar de cantar: "Al Dios y Padre nuestro sea gloria por los siglos de los siglos. Amén" (Fil. 4:20).

Alégrate, alégrate, regocíjate. Dios es suficientemente grande, suficientemente hermoso, suficientemente fuerte, suficientemente amoroso, suficientemente perfecto, suficientemente sustentador en toda circunstancia.

Donde quiera que estés, Él está contigo, siempre.

RIQUEZAS EN GLORIA

Aprendemos a contentarnos por la Palabra de Dios y su aplicación a nuestros corazones mientras caminamos con Él a través de los altibajos de la vida. Aprendemos contentamiento no al aprender principalmente habilidades de adaptación o estrategias de respuesta en tiempos de dificultad, ni al adoptar ambivalencias en momentos de comodidad, sino más bien cuando aprendemos de veras cuán incomparablemente bueno es nuestro Dios. La idea de Pablo es que el contentamiento no se resume en aprender consejos o habilidades útiles, sino en *conocer a Dios.*

Si tan solo conoces a Dios, tienes un sentido de su profundidad de amor y abundancia de gracia que es todo para ti en Cristo; en consecuencia encontrarás riqueza apropiadamente impresionante y sufrimiento apropiadamente tranquilo.

Así es como Pablo concluye sus importantes palabras a sus amigos en Filipos:

Sin embargo, bien hicisteis en participar conmigo en mi tribulación. Y sabéis también vosotros, oh filipenses, que al principio de la predicación del evangelio, cuando partí de Macedonia, ninguna iglesia participó conmigo en razón de dar y recibir, sino vosotros solos; pues aun a Tesalónica me enviasteis una y otra vez para mis necesidades. No es que busque dádivas, sino que busco fruto que abunde en vuestra cuenta. Pero todo lo he recibido, y tengo abundancia; estoy lleno, habiendo recibido de Epafrodito lo que enviasteis; olor fragante, sacrificio acepto, agradable a Dios. Mi Dios, pues, suplirá todo lo que os falta conforme a sus riquezas en gloria en Cristo Jesús. Al Dios y Padre nuestro sea gloria por los siglos de los siglos. Amén. Saludad a todos los santos en Cristo Jesús. Los hermanos que están conmigo os saludan. Todos los santos os saludan, y especialmente los de la casa de César. La gracia de nuestro Señor Jesucristo sea con todos vosotros. Amén (Fil. 4:14-23).

Por lo menos tenemos otro recordatorio de que Pablo no es algún superhéroe espiritual. A pesar de su contentamiento declarado tanto en medio de comodidad como de sufrimiento, en vida y muerte, no obstante en el versículo 14 afirma: "Sin embargo, bien hicisteis en participar conmigo en mi tribulación".

Él habría estado satisfecho en Cristo si sus amigos no lo

hubieran apoyado, pero no está tan orientado celestialmente que no pueda agradecerles por haberlo hecho. Al reconocerles sus esfuerzos les elogia otra vez su madurez y los alaba por buscar a Cristo de manera tan apasionada.

William Hendriksen explica con detalle:

> Pablo tiene cuidado de no dejar la impresión de que la ayuda había sido superflua y que no la apreciaba. Al contrario, él indica que sin duda le había complacido. Por tanto, el apóstol dice: Sin embargo, *bien hicieron en participar conmigo en mi tribulación*. Pablo dice que esta fue una acción *noble y hermosa*, como la de María en Betania (Mr. 14:6). Si los filipenses no hubieran sido verdaderos simpatizantes, tanto que sintieran como propia la aflicción de Pablo, no habrían realizado su acción bondadosa. La ayuda que le dieron indicó que habían hecho causa común en la aflicción de Pablo y que eran verdaderos partícipes en ella. ¡La auténtica *comunión* (véase en Fil. 1:5) estaba funcionando de manera hermosa![4]

La belleza de la iglesia resplandece. Los filipenses, según Pablo afirma en Filipenses 2:15, resplandecen como iluminares en el mundo; y demuestran su ciudadanía celestial (3:20). A causa

---

4. William Hendriksen, *New Testament Commentary: Philippians* [*Filipenses*] (Grand Rapids, MI: Baker, 1953), p. 207. Publicado en español por Libros Desafío.

de esto, el apóstol les recuerda que recibirán su recompensa total en la gloria venidera. Las riquezas de Dios son inagotables, y son para todos sus hijos. Así le dice el padre en la parábola del hijo pródigo a su hijo legalista: "Tú siempre estás conmigo, y todas mis cosas son tuyas" (Lc. 15:31).

Los filipenses aprendieron a vivir con esto como lo verdadero. Pablo los elogia por ello y los apremia aún más, aludiendo al suministro inmenso de satisfacción celestial que, aunque no menos real en este mismo instante, aguarda con un depósito para aquel día que se acerca rápidamente. Dios les suplirá todas sus necesidades (no necesariamente sus deseos sino sus necesidades) según las riquezas divinas (no las de ellos sino las de Él, las cuales son mejores) en gloria en Cristo Jesús. Es decir, Dios no te pedirá nada ahora que no te vaya a pagar multiplicado infinitamente en el día venidero. No porque te deba algo sino porque te ama y es misericordioso más allá de toda medida.

La Segunda Venida se acerca. La encarnación es la primera venida. En esa época, el pueblo judío estaba esperando al Mesías, y este vino y murió en la cruz con el fin de comprar almas pecadoras y absorber la ira divina para que todo lo que estaba bajo la ira de Dios desapareciera de modo definitivo. Ahora hay victoria sobre la muerte. La muerte no tiene aguijón ni victoria. La enfermedad ha perdido su poder. Cristo adquirió todo eso en la cruz. Hay riquezas eternas en esa acción.

Hoy día vivimos entre las dos venidas, en lo que los teólogos llamarían "ya casi pero todavía no" o "el lugar angosto". Es decir, que ya está pagado pero aún no se ha consumado.

Se acerca el día en que Cristo regresará, y la Biblia hace de ese gran día del Señor un acontecimiento completamente aterrador para la mayor parte de la humanidad. En su gran mayoría, los seres humanos querrán que las montañas les caigan encima para esconderse, pero no habrá lugar dónde ocultarse. Toda traición, todo acto de rebeldía, toda palabra errada, cada maldad, toda exaltación personal, toda forma de narcisismo, cada acción que comunique: "Olvídate, Dios. Soy más inteligente que tú", será puesto delante de ti y de Dios.

Si vemos esto desde una perspectiva bíblica, personas más piadosas y más justas que tú y yo, que alguna vez vieron cara a cara a Dios, cayeron al suelo absolutamente aterradas. Isaías, quien era un hombre recto de Dios, cae al suelo y manifiesta: "¡Ay de mí!" (Is. 6:5). La misma expresión se usa más adelante cuando Jesús dice una y otra vez a los fariseos: "¡Ay de vosotros!" (Mt. 23:13-36). ¿*Por qué* Isaías exclama "¡Ay de mí!"? "Porque siendo hombre inmundo de labios... han visto mis ojos al Rey" (Is. 6:5). Así que una mirada a Jesucristo, a Dios entronizado, e Isaías cae al suelo, queda aterrado y declara: "¡Ay de mí!". Según la tradición, a Juan lo colocan en aceite hirviendo y tampoco se retracta, pues no dice: "Inventamos todo lo que hemos predicado". El apóstol no muere, así que lo exilian a Patmos. Allí ve a Jesús en una visión y cae a tierra como un hombre muerto.

Por tanto, tú y yo, probablemente en cualquier plano que quieras establecer (moral, intelectual o espiritual) no estamos en la misma condición de Isaías o de Juan. Y sin embargo, ambos vieron a Dios y se aterraron. Se acerca el día en que la paciencia de Dios se agotará. Entonces derramará su abundante amor sobre los elegidos, y todo terminará. Y cuando eso suceda, Él agrietará el cielo, regresará para juzgar, y todo lo que hemos hecho se revelará. No habrá lugar dónde esconderse. No habrá mentiras que funcionen. Toda motivación será puesta al descubierto.

Básicamente, el cajón del archivador se abre, y todo pensamiento de maldad y toda acción se pondrán en tela de juicio para ser examinados. En ese día vamos a querer un sustituto, un campeón. En ese día vamos a querer que alguien declare: "Yo me hago cargo de eso. Pagué por eso. Está pagado por completo".

Pablo enseña que los cristianos maduros son serios en cuanto a las cosas de Dios y buscan con seriedad al Señor, porque cuando Cristo se revele en toda su gloria, querremos ser resucitados con Él. Querremos *todas* las riquezas. Querremos estar con Él para siempre. Pues no queremos una salvación a escala real; más bien queremos una salvación a escala eterna. Por eso no nos detenemos en la conversión; seguimos adelante. Porque deseamos hacer evidente que creemos que alguien intervendrá en ese momento final y dirá: "Yo pagué por eso. Yo lo absorbí. Lo que se debía por eso, yo lo pagué por completo, no según las riquezas de ellos sino según las mías".

Cristiano, si has sido resucitado con Cristo, ¿hay seriedad en ti acerca de las cosas de Dios? ¿Estás legítimamente buscándolo, creciendo en la plenitud de Él? Si tu mente se halla puesta en Él, ¿cómo demuestra eso tu vida?

Es fácil en la iglesia pasar por alto tales preguntas y, debido a nuestra cercanía a la comunidad de fe y a la enseñanza del evangelio, suponer que estamos inmersos personalmente en la búsqueda de Cristo. Podemos llegar a estar contentos con nosotros mismos, y no experimentar la insatisfacción santa que nos empujaría a hallar el verdadero contentamiento según las riquezas de Dios en Cristo, en lugar de las miserables riquezas de la religión o de jugar a la iglesia.

¿Cómo te va en cuanto a tener la mente transformada y el corazón palpitante por las cosas de Dios? Si no tienes respuesta, tengo que cuestionar qué es lo que en realidad estás buscando, qué estás mirando, y qué estás siguiendo.

Quizás deberías arrepentirte ahora mismo.

Me pregunto si Pablo pudo haber expuesto algunos de tus juegos con Dios, tan solo en tu lectura del libro de Filipenses.

Temo que algunos de nosotros hemos estado en la iglesia por mucho tiempo y hemos aprendido a actuar correctamente y a dar las respuestas correctas en la escuela dominical. Sin embargo, quizás nunca hemos aplicado ninguna de estas respuestas a nuestras propias vidas. Me pregunto cuántos de nosotros seremos serios con relación al hecho de que llegará el día en que la gloria de Cristo resplandecerá en su plenitud y se nos pedirán cuentas. Y en ese día querremos resucitar con Cristo; en ese día querremos que nuestro contentamiento en Él prorrumpa en el infinito gozo del cielo.

Durante los últimos dos mil años, todo este cristianismo simplemente acaba de ocurrir. Lo que quiero decir es que Pablo va a Filipos y Lidia, la acaudalada empresaria, llega a conocer al Señor, pero también lo hace la pequeña muchacha esclava, e igualmente el carcelero. Estos improbables convertidos maduran en su fe y, a medida que lo hacen, hablan del evangelio con otros para que el gran evangelio (la reconciliación de hombres y mujeres con Dios a pesar de los pecados de ellos, por medio de la obra terminada de Cristo) crezca, crezca y crezca. Se extiende en una nación tras otra, a través de fronteras tribales, lingüísticas y étnicas, y avanza generación tras generación. Durante los últimos dos mil años, el evangelio se extendió a través del mundo antiguo en Asia, bajó a África, fue a través del mundo occidental abriéndose paso en las Américas, en Nueva Inglaterra y en el noroeste de Estados Unidos, y luego a lo largo de toda la nación.

Vivo en Dallas, Texas. ¿Sabes cómo llegó el evangelio a Dallas, Texas? Si investigas hasta llegar a su origen, llegó aquí porque el apóstol Pablo fue a Filipos, a Éfeso y a Corinto.

Si el evangelio puede hacer eso, sin duda puede despertar tus afectos por Cristo. Sin duda puede cautivar tu mente y hablar a tu corazón. Si el evangelio puede transformar el mundo y contener en su poderoso alcance la promesa de vida eterna, sin duda puede transformarte este mismo día, y día tras día, hasta que en el momento final te unas con los santos y recibas la provisión para todas tus necesidades según las riquezas de Dios en gloria junto con Cristo Jesús.

Ahora mismo puedes unirte no solo al apóstol Pablo sino a innumerables millones de otros a lo largo de la historia, y a muchísimos más que vendrán, todos los cuales dirán: "Aun estimo todas las cosas como pérdida por la excelencia del conocimiento de Cristo Jesús, mi Señor".

Vivir verdaderamente es Cristo. Y morir es ganancia incomparable e infinita.